DIBUJAR KAWAII

ANIMALES
lindos

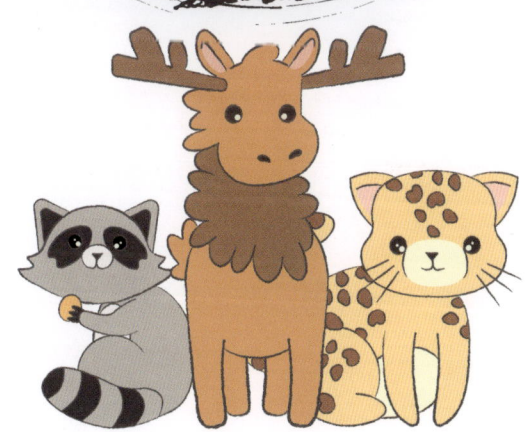

Título original: *Draw Kawaii — Cute Animals*

© 2025 Librero b.v. (edición española)
WWW.LIBRERO.NL

© 2024 Hatch Press

Producción de la edición española:
Tanja Timmerman vertaling & redactie
Traducción: Almudena Sasiain Calle
Maquetación: Indruk Grafisch Ontwerp

Distribución exclusiva de la edición española:
LIBRERO IBP
C/ Paseo de los Olmos, n.º 20
Planta 1.ª, Oficina 7
28005 MADRID
www.librero-ibp.es

Printed in China
Impreso en China

ISBN: 978-94-6499-090-4

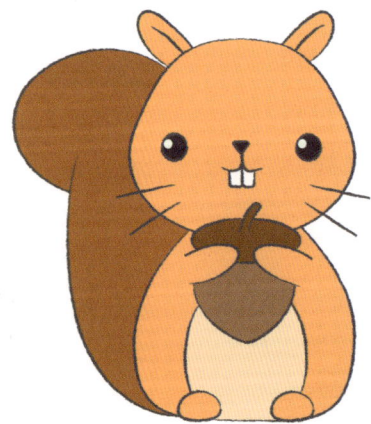

DIBUJAR KAWAII

ANIMALES lindos

Paso a paso

Isobel Lundie

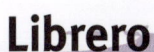

Sumario

Introducción
¿Qué es kawaii?

Kawaii significa «mono» en japonés, y también da nombre a un estilo artístico originario de ese país. Las obras de esta corriente destacan por el aire tierno y dulce de los personajes representados.

Este libro te enseñará a dominar las técnicas necesarias para crear tus propios animales kawaii. En las primeras páginas se incluyen trucos e información general y, a continuación, toda una serie de proyectos explicados paso a paso.

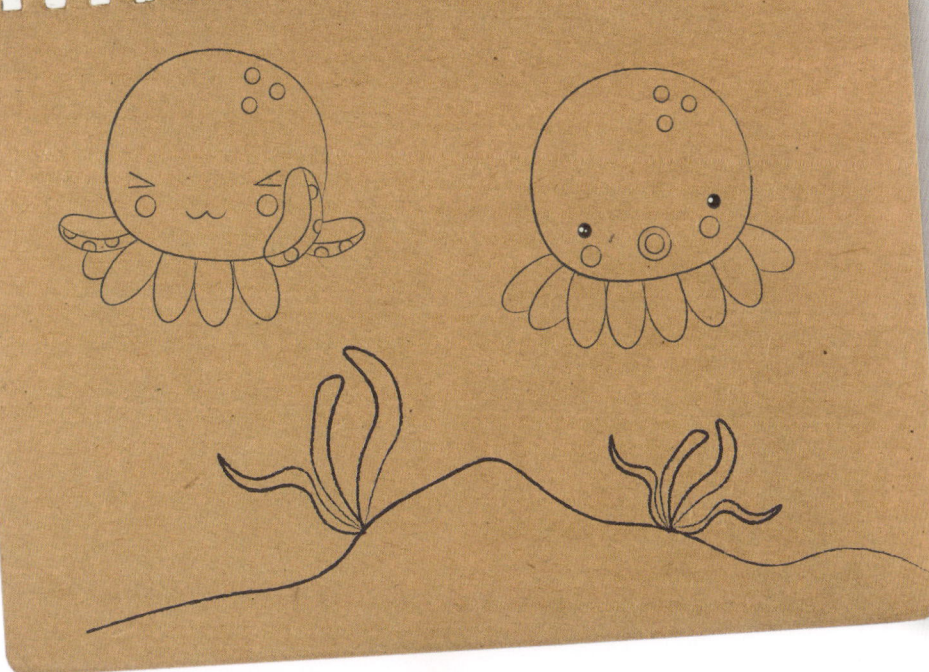

Materiales

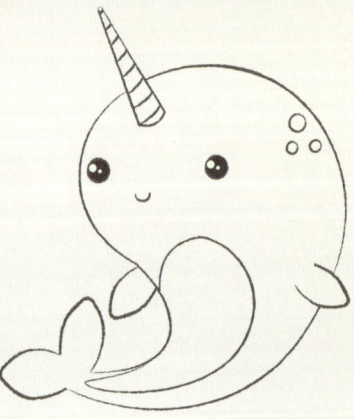

Lápiz

Las líneas superfluas de los dibujos con lápiz HB son fáciles de borrar con una goma.

Materiales

Las ideas de este libro se pueden llevar a cabo de diferentes maneras y con distintos materiales. Aquí tienes algunas sugerencias.

Papeles de colores

¡Prueba a dibujar animales Kawaii sobre papeles de diversos colores!

Pinturas de palo

Los lápices de colores son ideales para sombrear. Mira este dibujo de un gato.

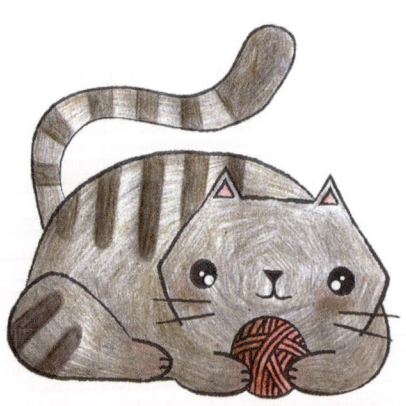

Etiquetas

Crea tus propias etiquetas kawaii para los regalos que hagas.

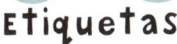

Tinta

¡Utiliza un pincel fino para hacer simpáticas pinturas con tinta!

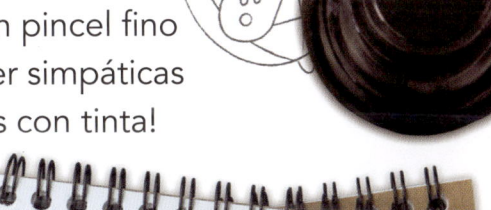

Pegatinas

¡Dibuja lindas pegatinas para regalar a tus amigos!

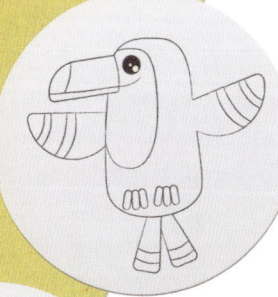

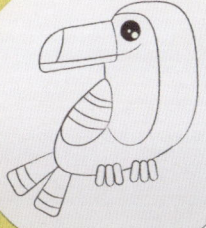

Libreta de esbozos

Usa un bloc para tener una colección de dibujos a mano.

cómo hacer que todo sea tierno

Suavizar formas

Redondear las puntas de un triángulo suavizará su forma. Intenta dulcificar los bordes de las siluetas al dibujar animales kawaii.

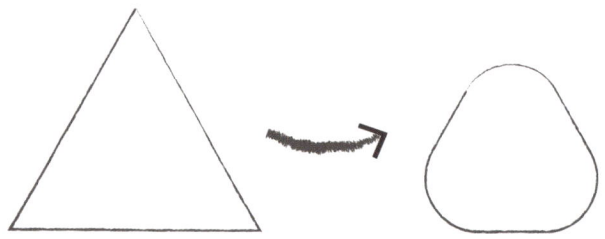

Simplificar los dibujos

Haz que los dibujos sean más lindos simplificándolos hasta sus líneas básicas. ¡Así podrás hacer que casi todo tenga un aire más tierno!

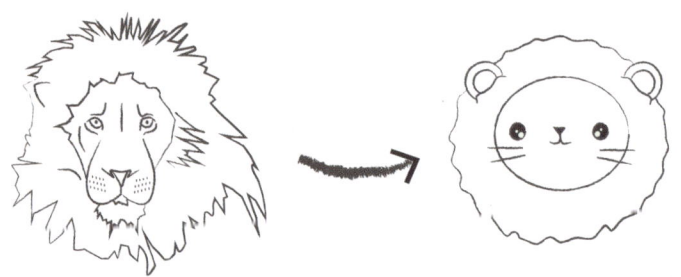

Proporciones

Los cuerpos de las figuras kawaii deben tener las siguientes proporciones: la cabeza grande, el cuerpo corto y las piernas cortas.

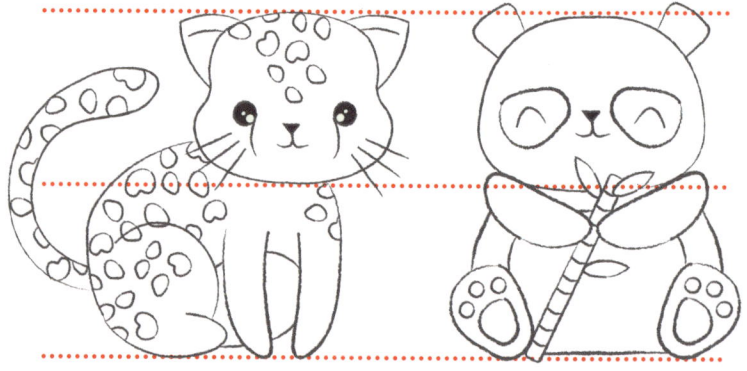

Añade una cara mona

Puedes hacer que casi cualquier cosa resulte tierna dibujándole una simpática cara de dibujos animados.

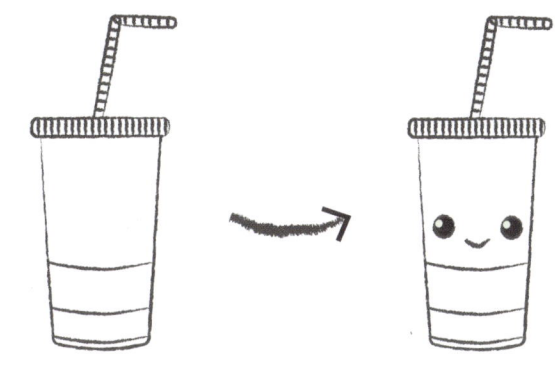

colores suaves

Los colores pastel son más monos. Utiliza colores pastel suaves para dar a tus personajes un aspecto tierno.

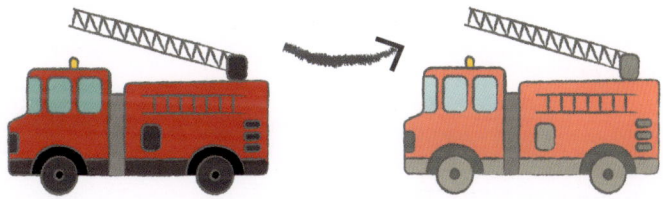

Líneas de movimiento

Añadir líneas de movimiento de este modo es una forma sencilla y eficaz dotar de dinamismo a un dibujo.

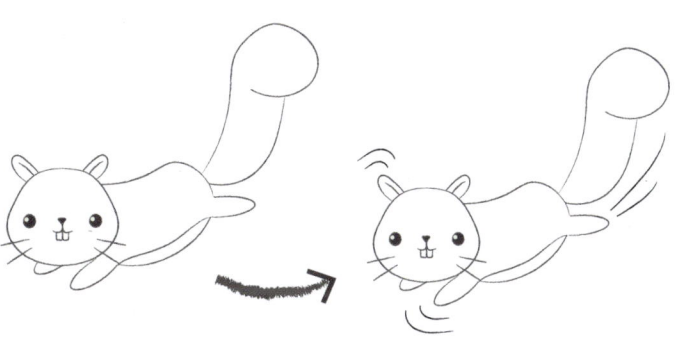

Añadido de elementos

Patitas monas

El añadir patitas monas es una buena forma de hacer que tus personajes sean aún más tiernos.

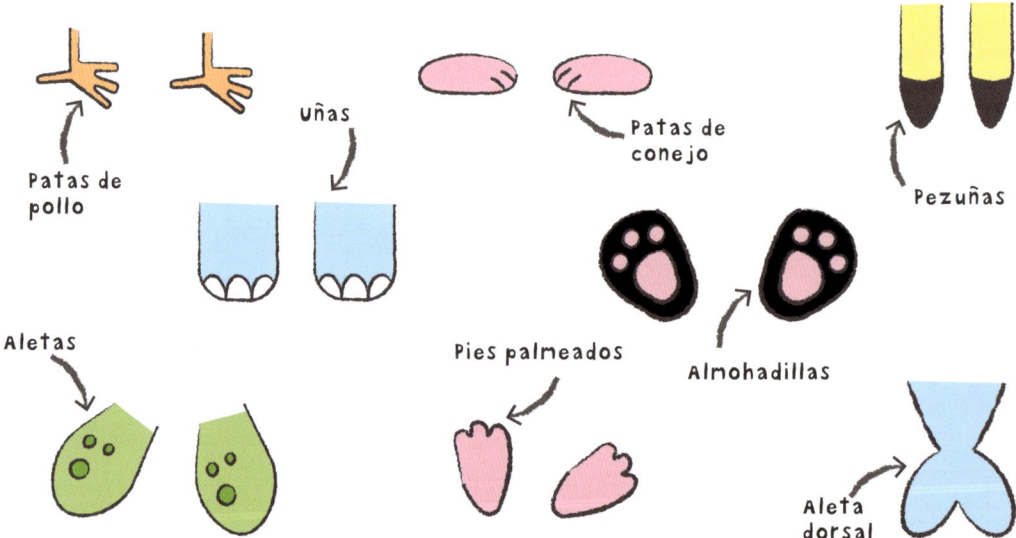

Patas de pollo

Uñas

Patas de conejo

Pezuñas

Aletas

Pies palmeados

Almohadillas

Aleta dorsal

Accesorios lindos

¡Estos interesantes objetos darán personalidad a tus personajes!

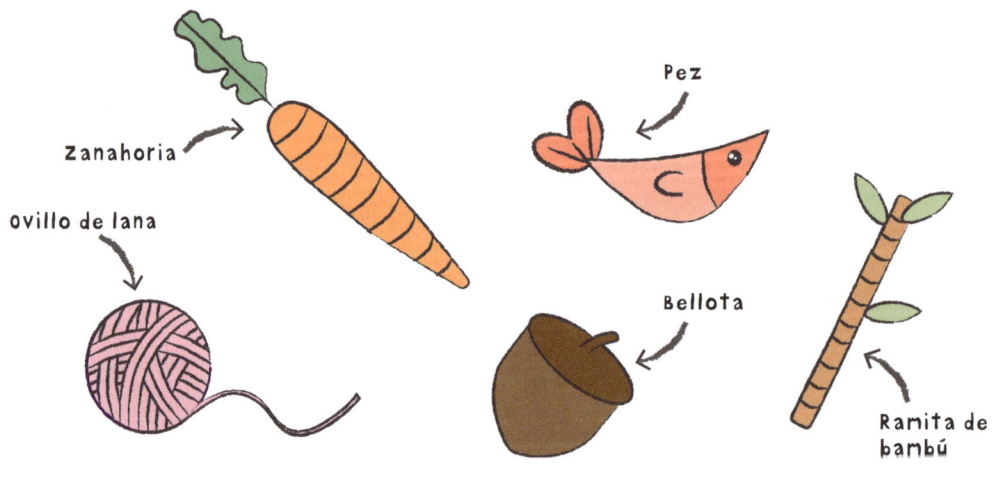

Zanahoria

Pez

Ovillo de lana

Bellota

Ramita de bambú

Partes del cuerpo lindas

Los animales tienen todo tipo de rasgos distintivos, desde orejas peludas hasta picos. Tendrás que familiarizarte con todos para poder dibujarlos bien.

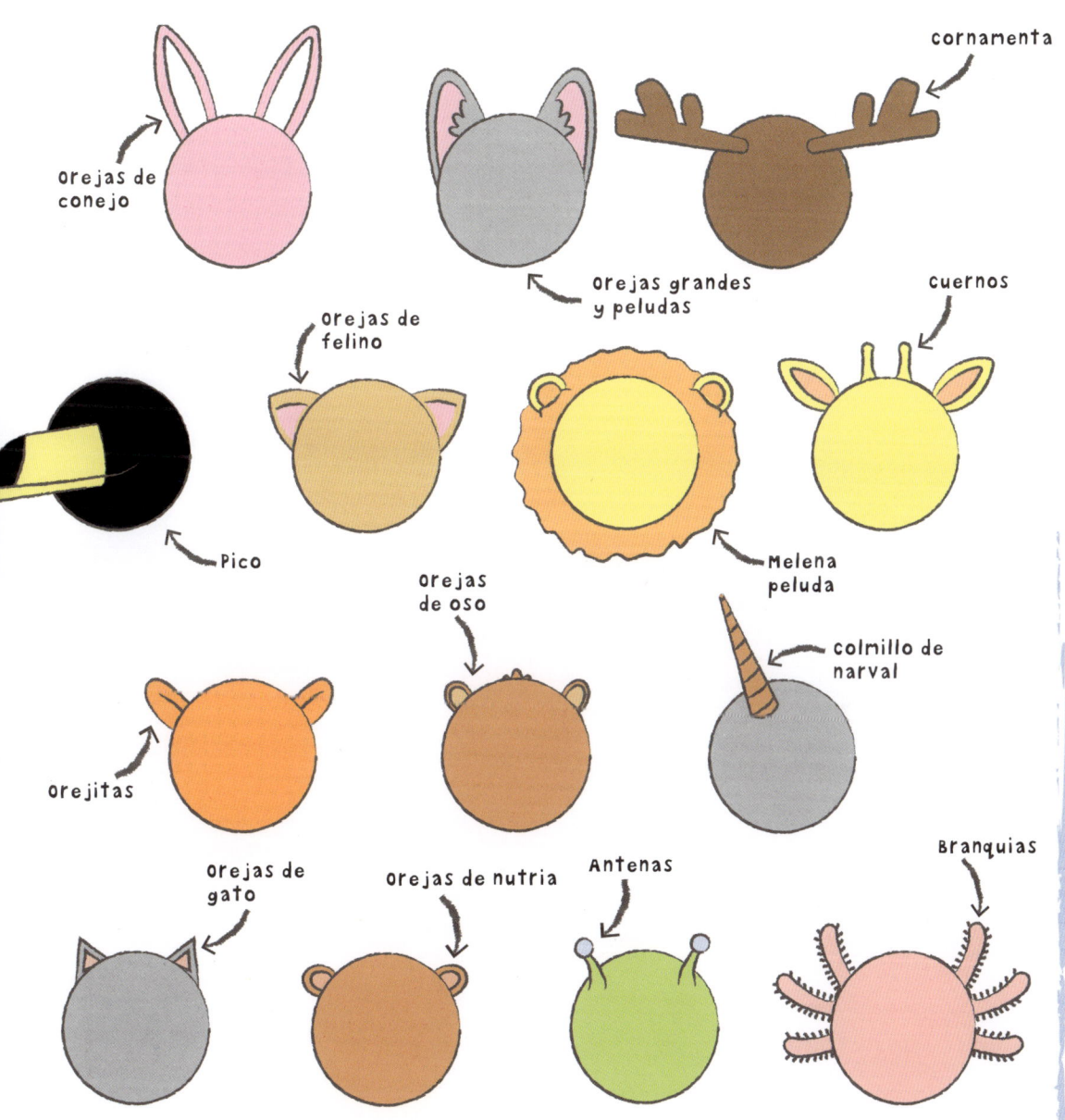

cornamenta

orejas de
conejo

orejas grandes
y peludas

cuernos

orejas de
felino

Pico

orejas
de oso

Melena
peluda

colmillo de
narval

orejitas

orejas de
gato

orejas de nutria

Antenas

Branquias

Expresiones

cambia la expresión de tu figura y dale personalidad.

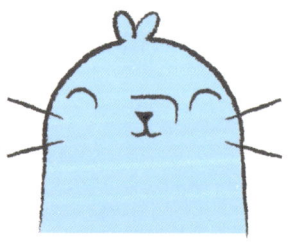

Feliz

Los ojos tienen forma de U.

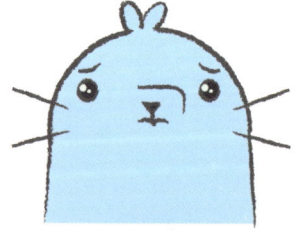

Triste

Las cejas son rayas curvas.

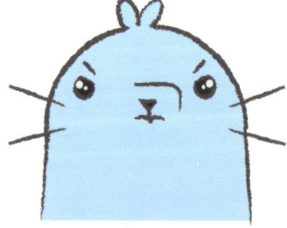

Enfadado

Las cejas son rayas diagonales.

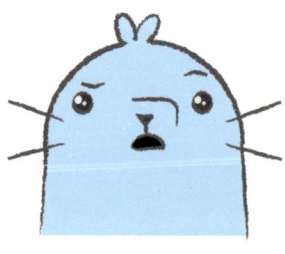

confundido

Dibuja una ceja más arriba.

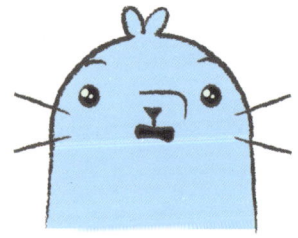

Asustado

Dibuja las dos cejas arriba.

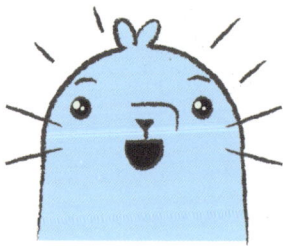

Exaltado

Dibuja la boca abierta.

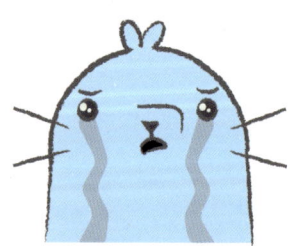

Lloroso

Dibuja ríos de lágrimas.

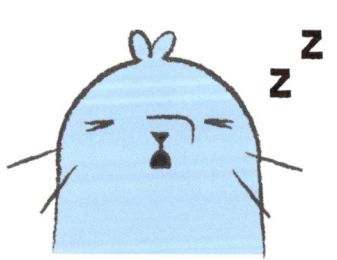

cansado

Dibuja los ojos cerrados.

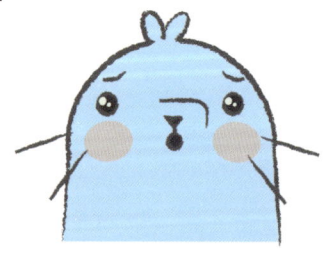

Avergonzado

Dibuja la boca fruncida.

Animales híbridos

¿Eres capaz de usar las partes del cuerpo anteriores para crear caras de animales híbridos?

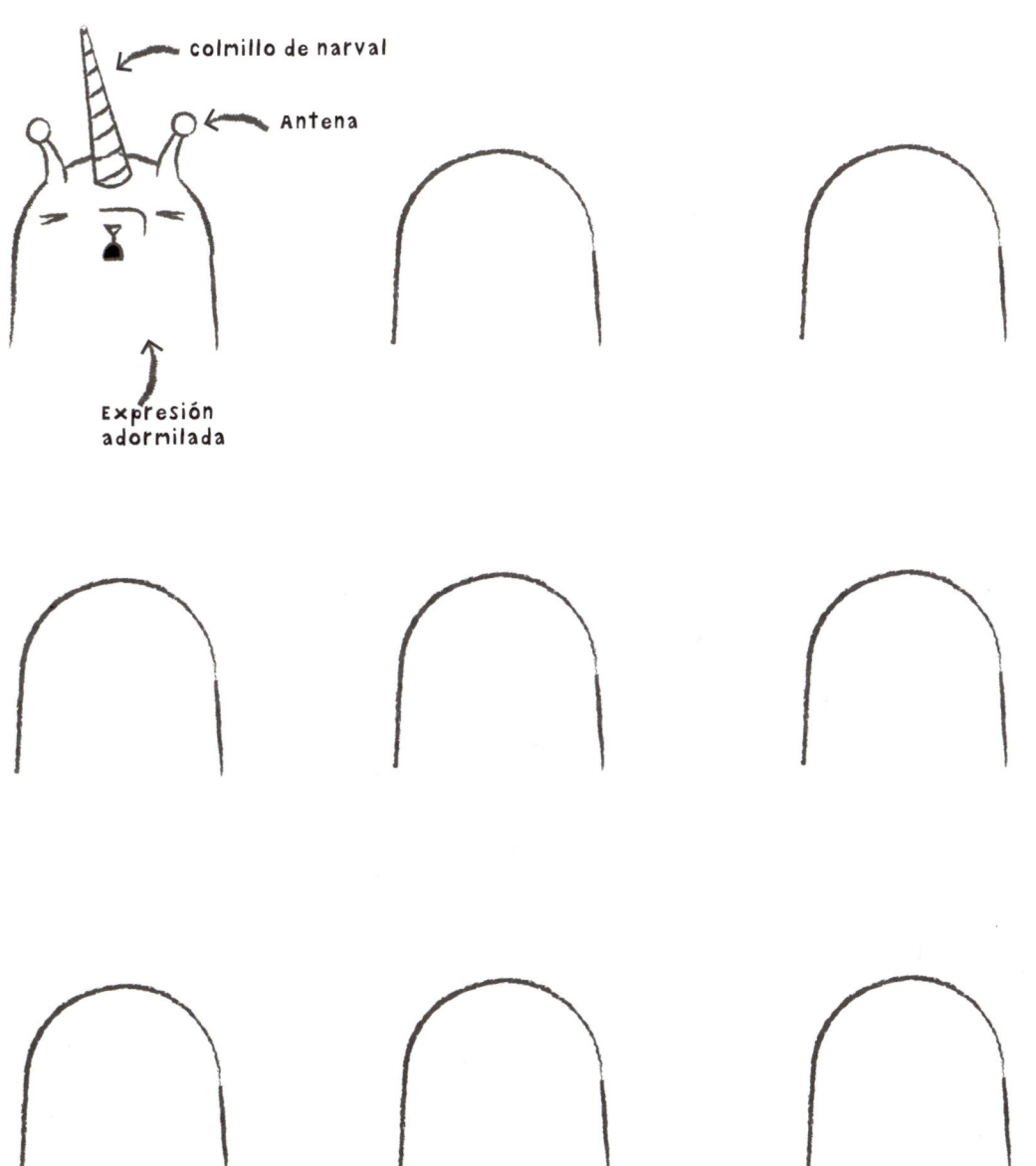

colmillo de narval

Antena

Expresión
adormilada

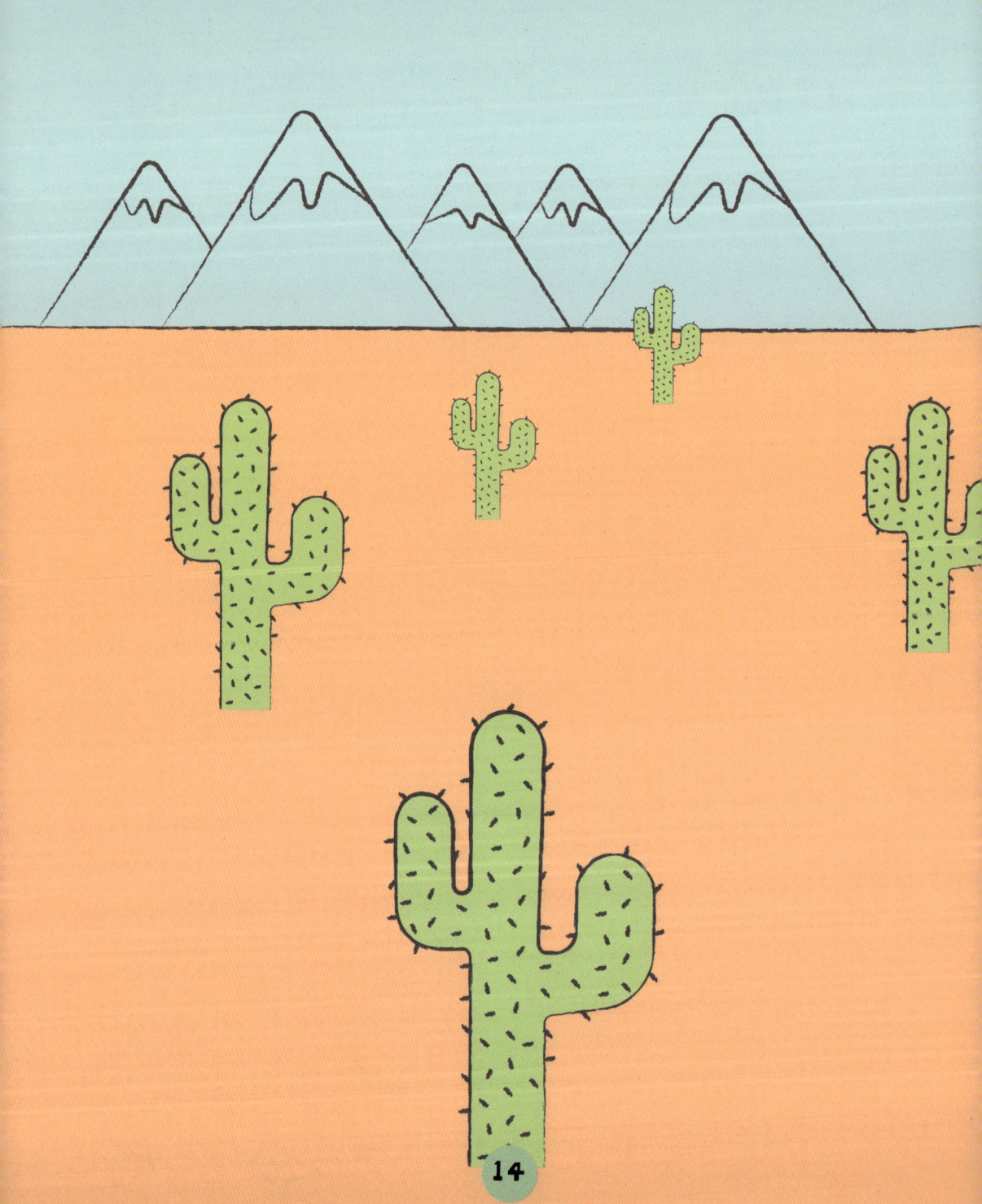

14

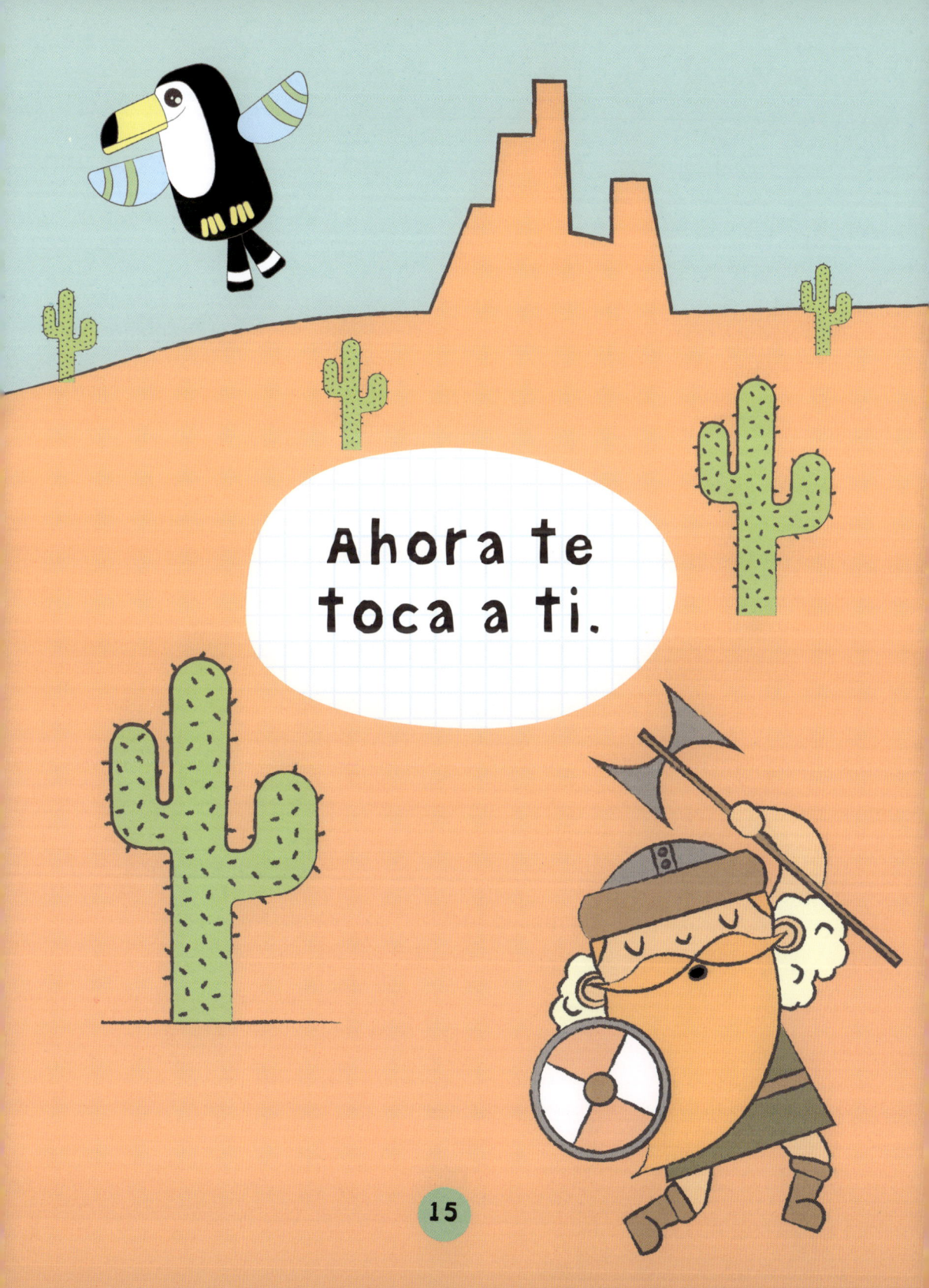

15

Hipopótamo kawaii

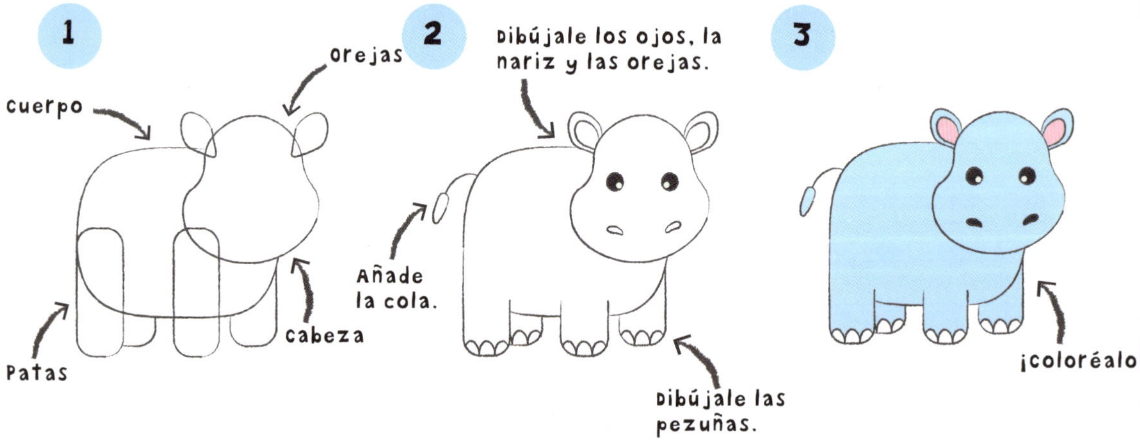

1

cuerpo

orejas

Patas

Cabeza

2 Dibújale los ojos, la nariz y las orejas.

Añade la cola.

Dibújale las pezuñas.

3 ¡coloréalo

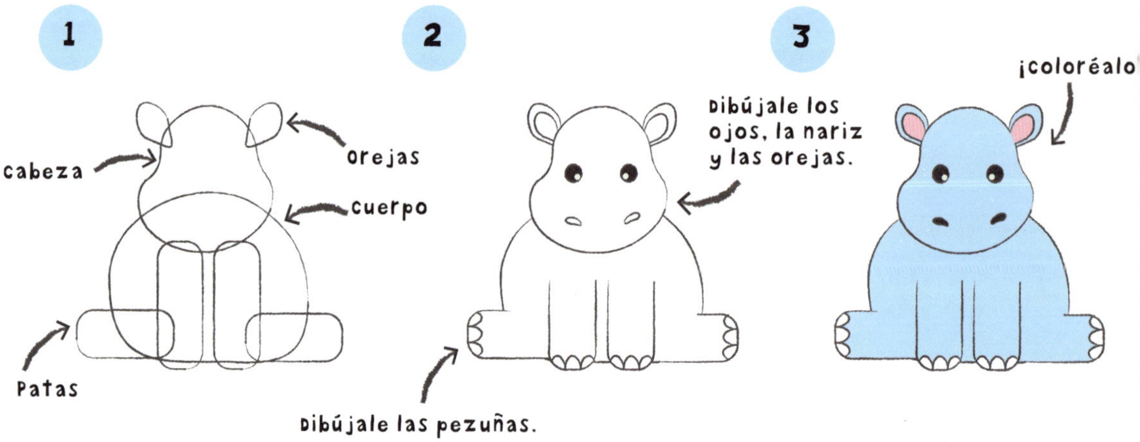

1

Cabeza

Orejas

cuerpo

Patas

Dibújale las pezuñas.

2 Dibújale los ojos, la nariz y las orejas.

3 ¡coloréalo

Borra todos los trazos de esbozado superfluos.

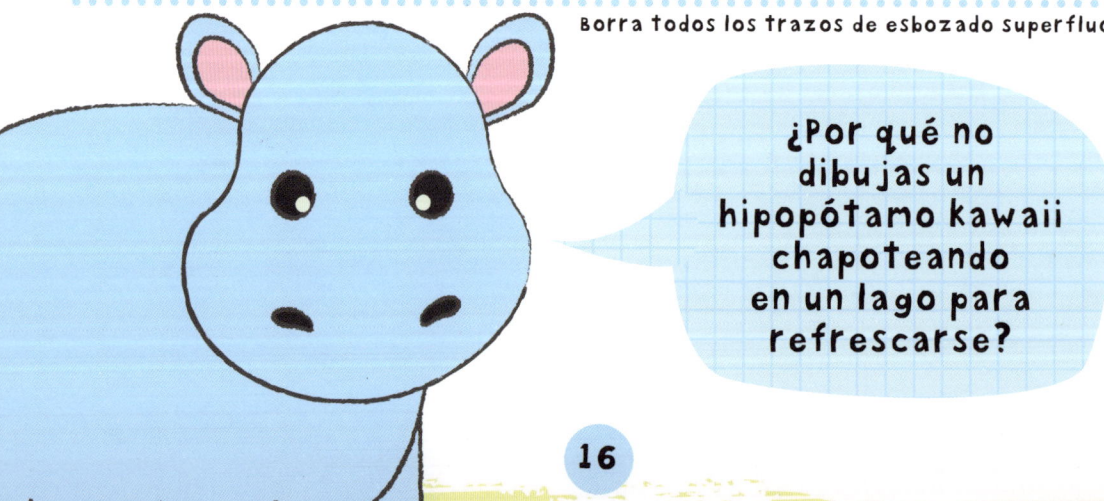

¿Por qué no dibujas un hipopótamo kawaii chapoteando en un lago para refrescarse?

Ahora
dibuja tú un
hipopótamo.

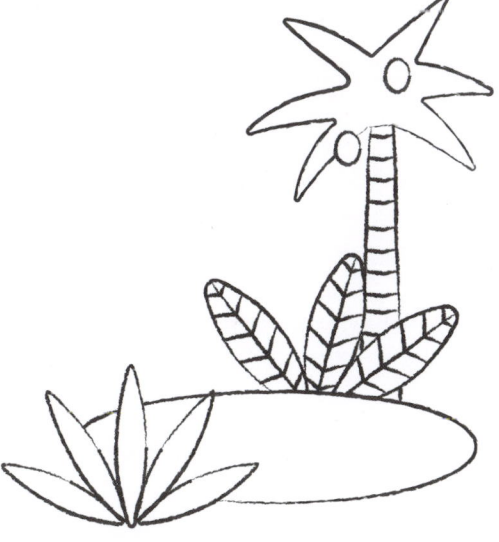

camaleón kawaii

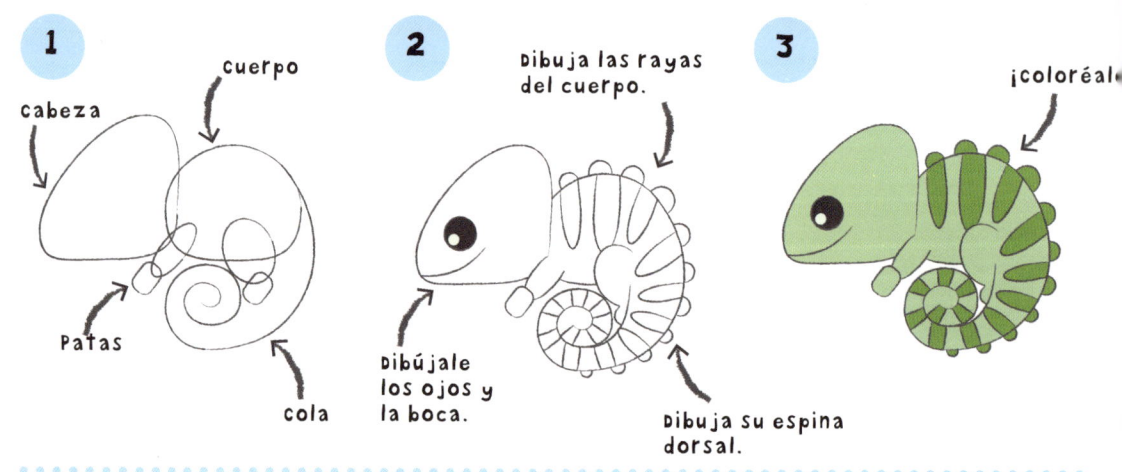

1

cabeza

cuerpo

Patas

cola

2

Dibuja las rayas del cuerpo.

Dibújale los ojos y la boca.

Dibuja su espina dorsal.

3

¡coloréalo!

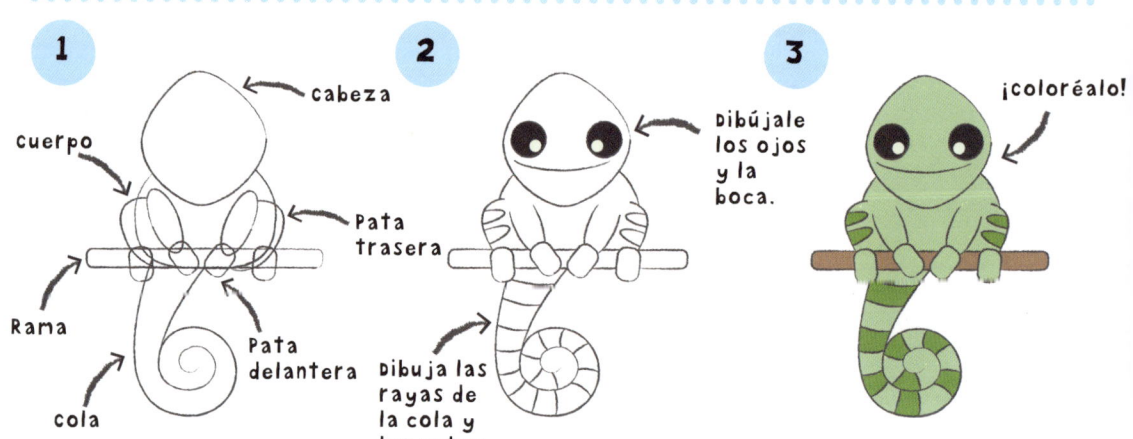

1

cabeza

cuerpo

Pata trasera

Rama

Pata delantera

cola

2

Dibuja las rayas de la cola y las patas.

3

Dibújale los ojos y la boca.

¡coloréalo!

Borra todos los trazos de esbozado superfluos.

¿Por qué no dibujas un camaleón kawaii sentado en una rama en la selva?

18

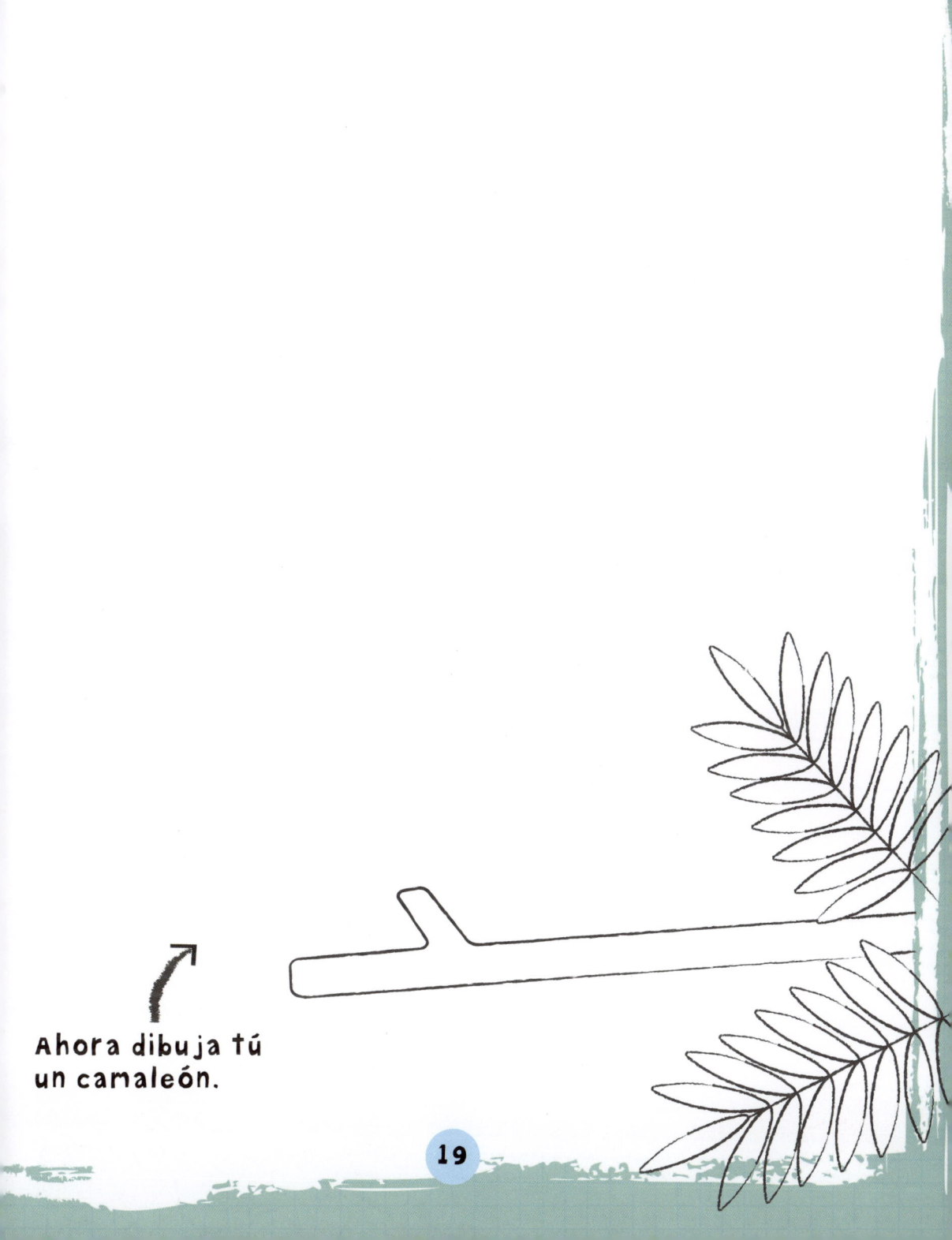

Ahora dibuja tú
un camaleón.

Alce kawaii

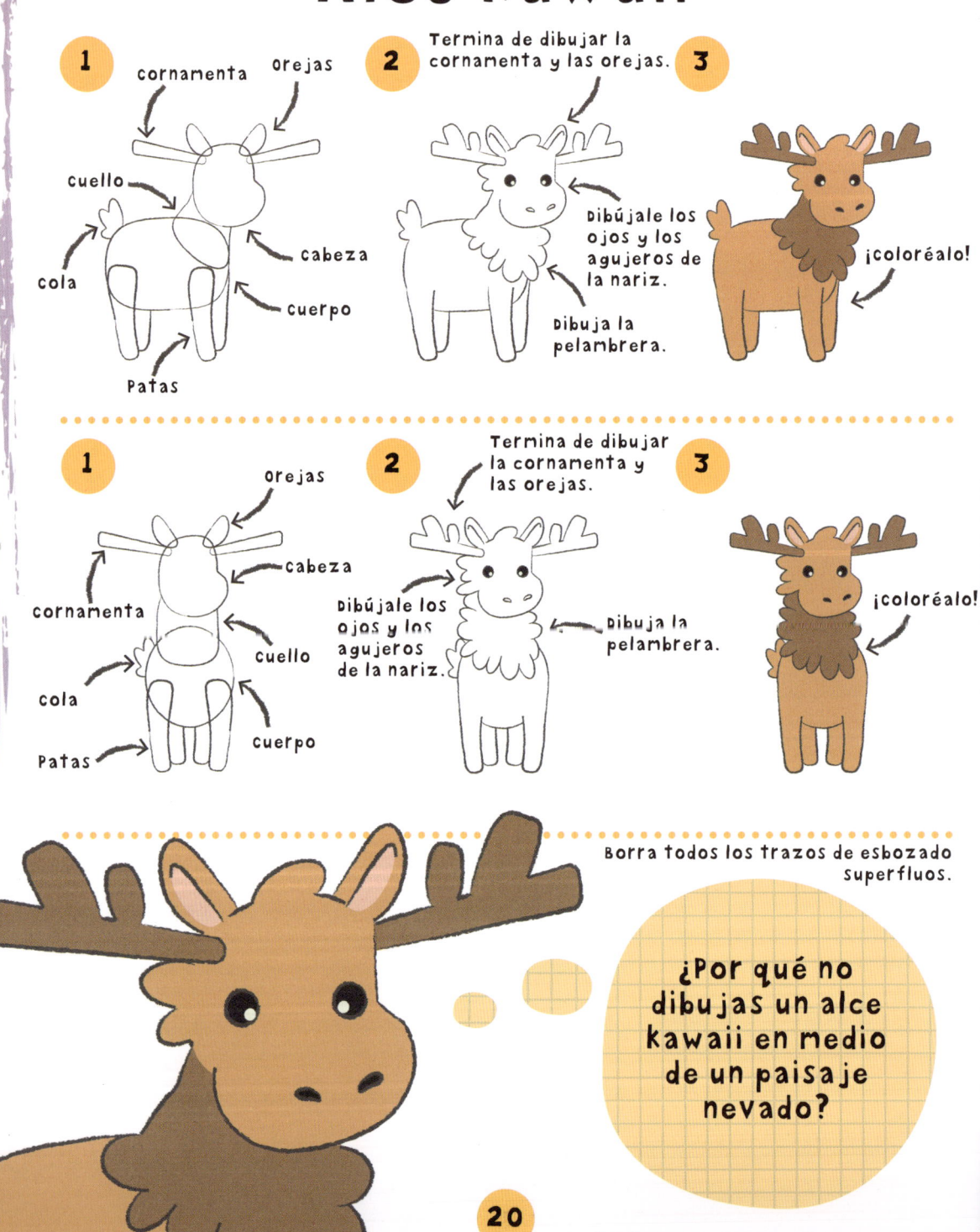

1 cornamenta · orejas · cuello · cabeza · cuerpo · cola · Patas

2 Termina de dibujar la cornamenta y las orejas. Dibújale los ojos y los agujeros de la nariz. Dibuja la pelambrera.

3 ¡coloréalo!

1 orejas · cabeza · cornamenta · cuello · cuerpo · cola · Patas

2 Termina de dibujar la cornamenta y las orejas. Dibújale los ojos y los agujeros de la nariz. Dibuja la pelambrera.

3 ¡coloréalo!

Borra todos los trazos de esbozado superfluos.

¿Por qué no dibujas un alce kawaii en medio de un paisaje nevado?

20

Ahora
dibuja tú
un alce.

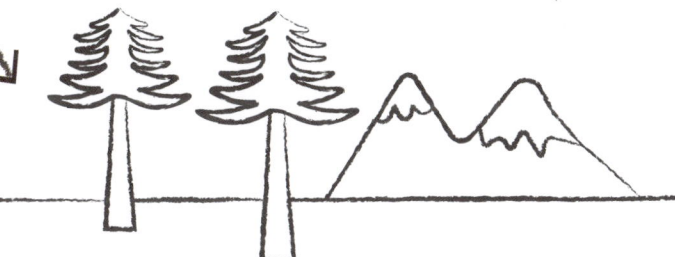

Murciélago kawaii

1

Alas

cabeza

Orejas

cola

Cuerpo

Pies

2

Dibújale los ojos, la nariz, los dientes, el pelo y las orejas.

Añade detalles a las alas.

3

¡coloréalo!

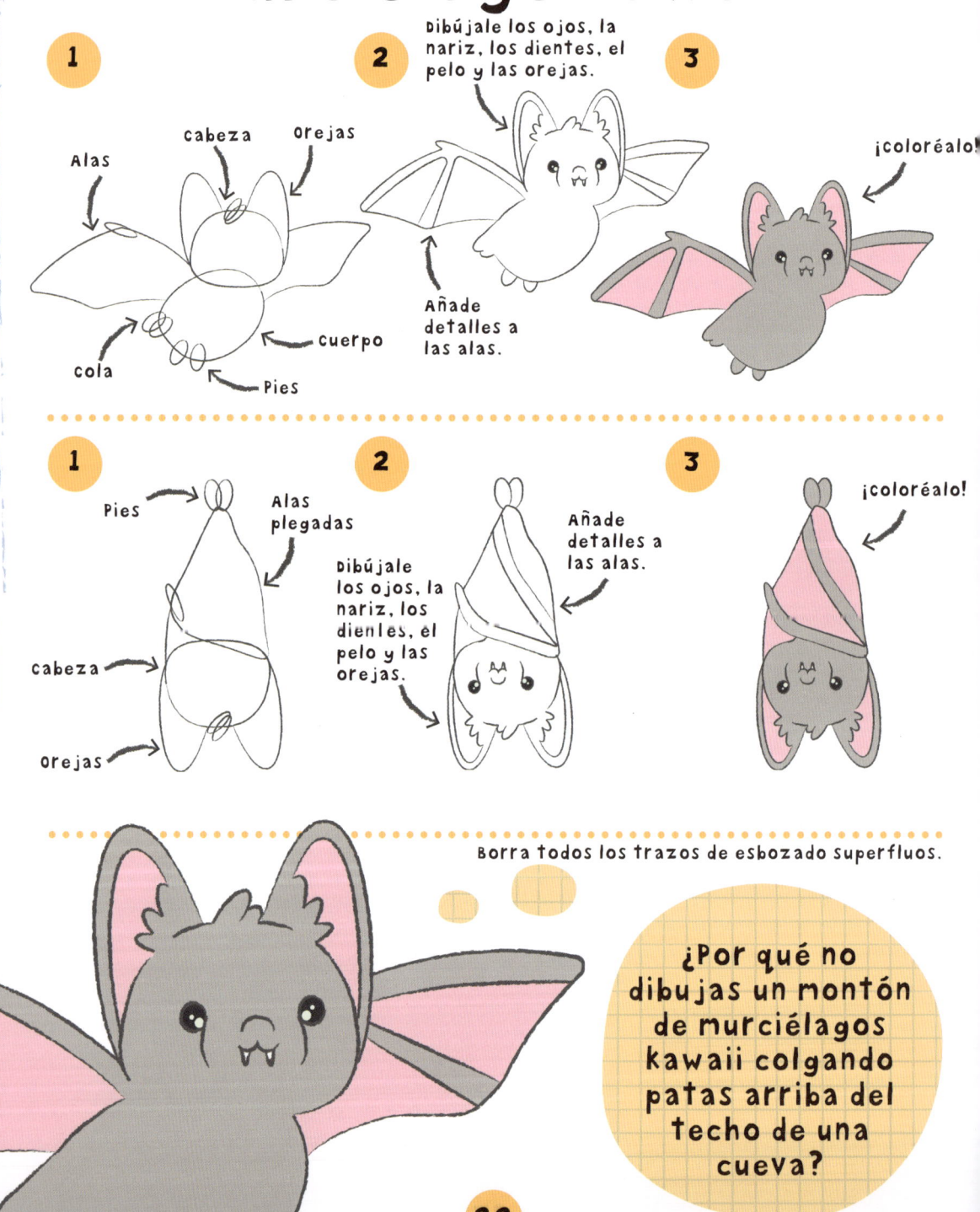

1

Pies

Alas plegadas

cabeza

Orejas

2

Dibújale los ojos, la nariz, los dientes, el pelo y las orejas.

Añade detalles a las alas.

3

¡coloréalo!

Borra todos los trazos de esbozado superfluos.

¿Por qué no dibujas un montón de murciélagos kawaii colgando patas arriba del techo de una cueva?

Ahora dibuja
tú un
murciélago. ↓

conejo kawaii

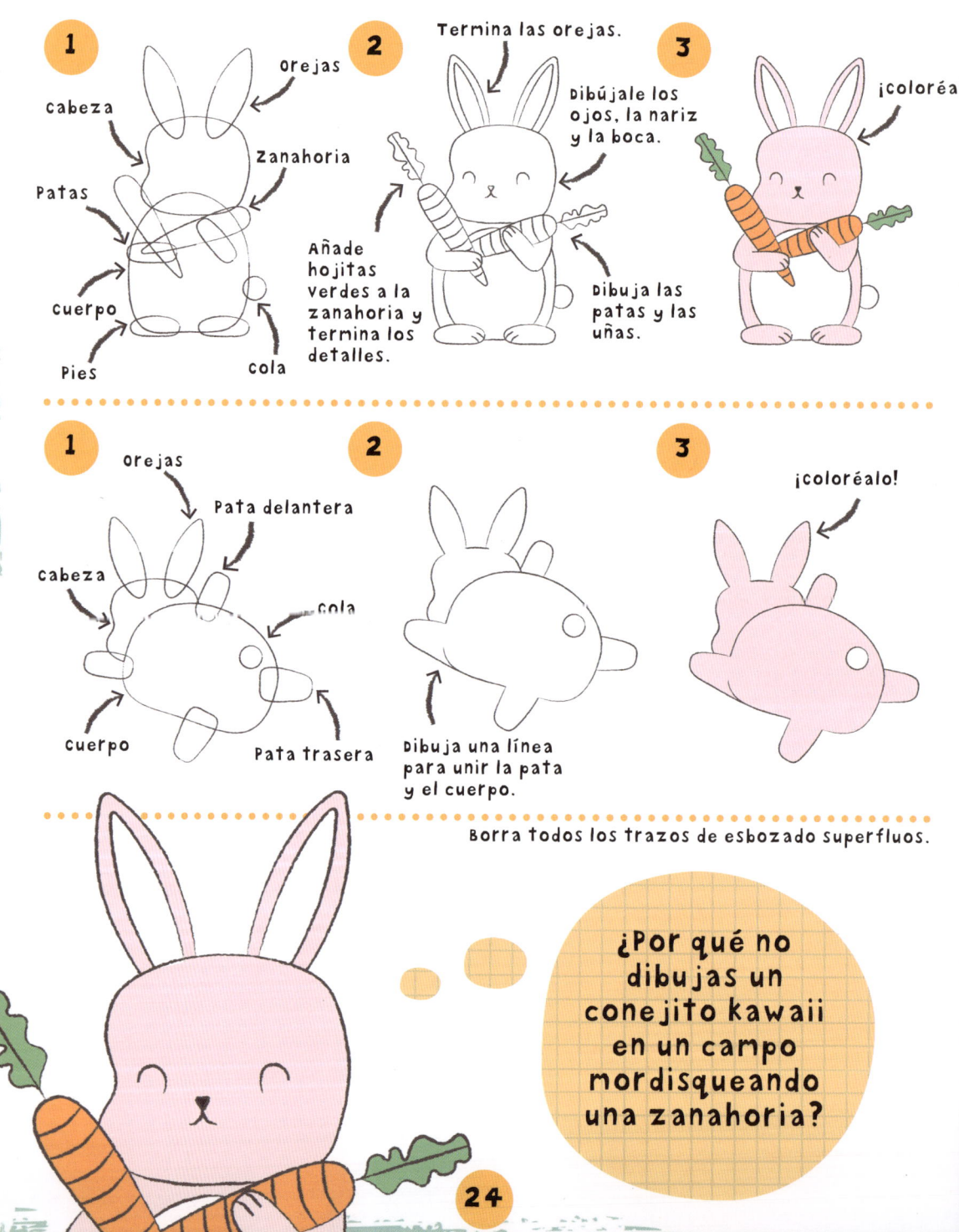

1

cabeza

orejas

Patas

Zanahoria

cuerpo

Pies

cola

2

Termina las orejas.

Dibújale los ojos, la nariz y la boca.

Añade hojitas verdes a la zanahoria y termina los detalles.

Dibuja las patas y las uñas.

3

¡coloréalo!

1

orejas

Pata delantera

cabeza

cola

cuerpo

Pata trasera

2

Dibuja una línea para unir la pata y el cuerpo.

3

¡coloréalo!

Borra todos los trazos de esbozado superfluos.

¿Por qué no dibujas un conejito kawaii en un campo mordisqueando una zanahoria?

24

Ahora
dibuja tú
un conejo.

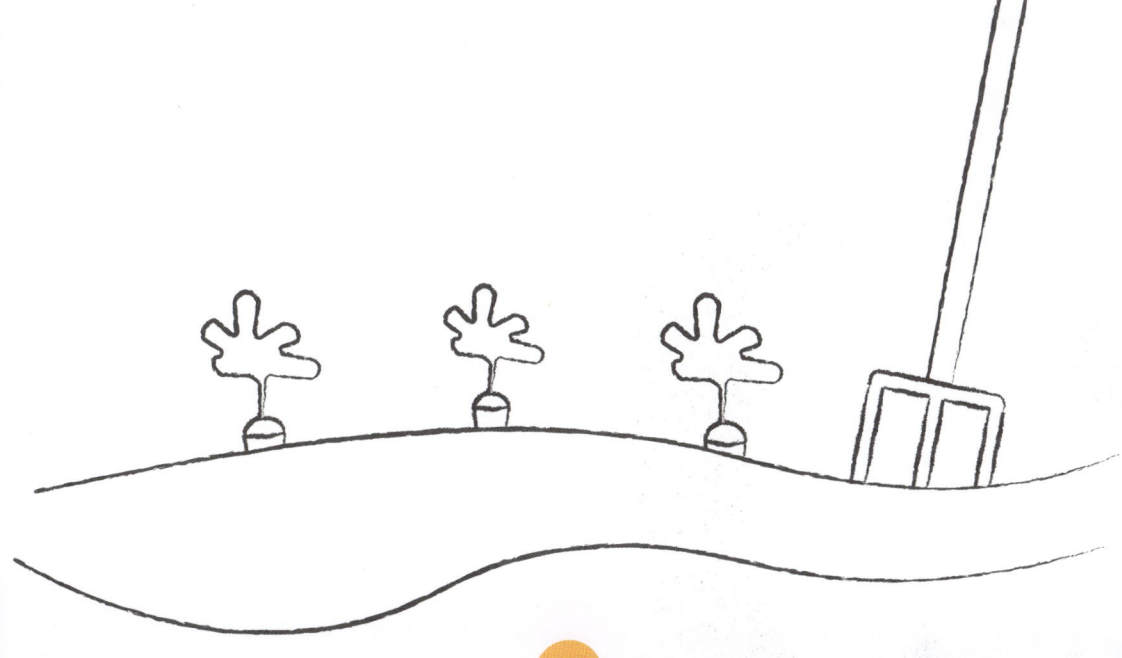

Tucán kawaii

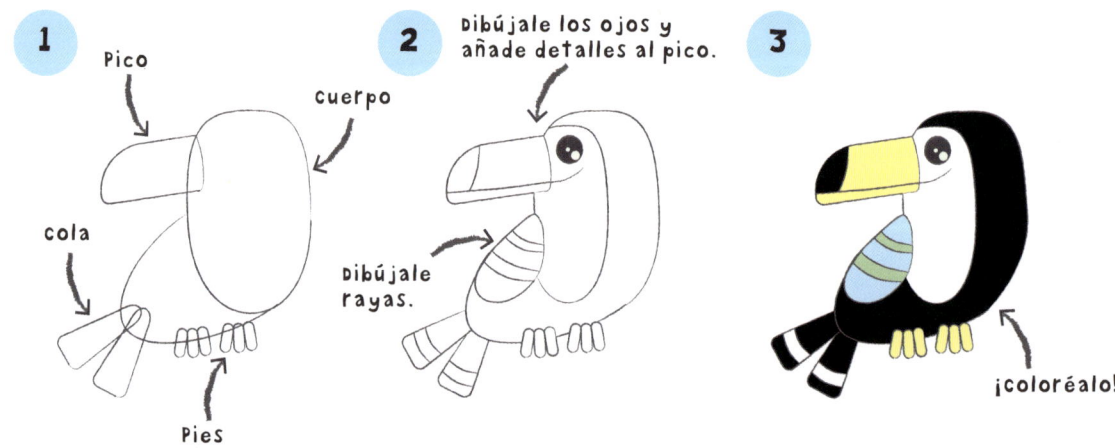

1 Pico · cuerpo · cola · Pies

2 Dibújale los ojos y añade detalles al pico. · Dibújale rayas.

3 ¡coloréalo!

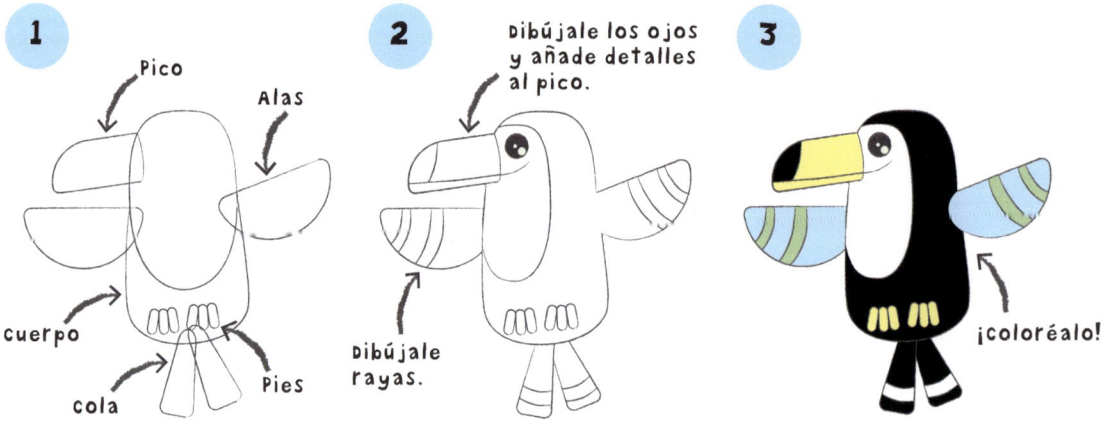

1 Pico · Alas · cuerpo · cola · Pies

2 Dibújale los ojos y añade detalles al pico. · Dibújale rayas.

3 ¡coloréalo!

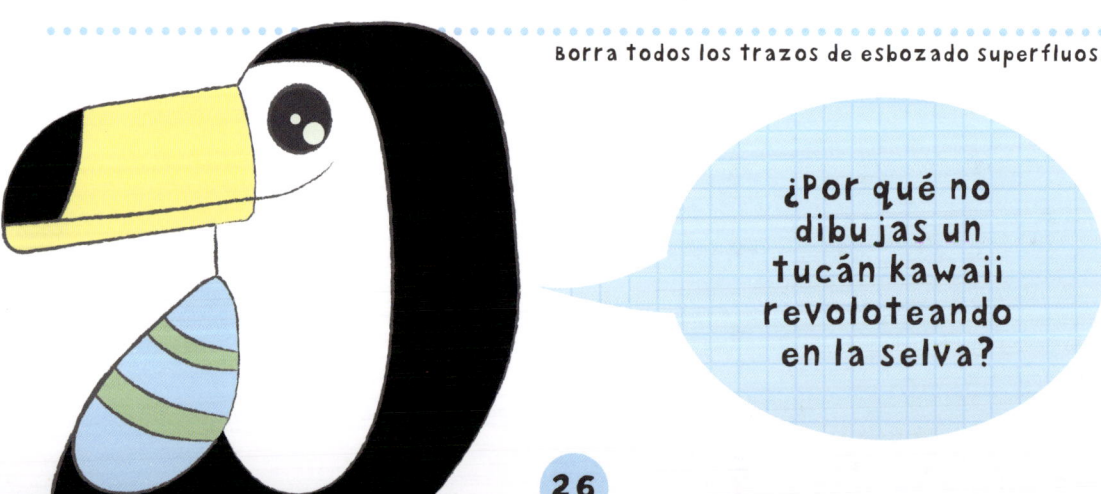

Borra todos los trazos de esbozado superfluos.

¿Por qué no dibujas un tucán kawaii revoloteando en la selva?

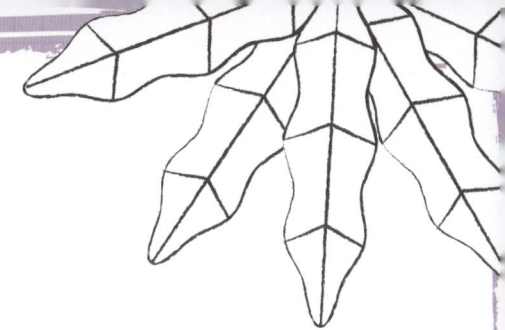

Ahora dibuja
tú un tucán.

Leopardo kawaii

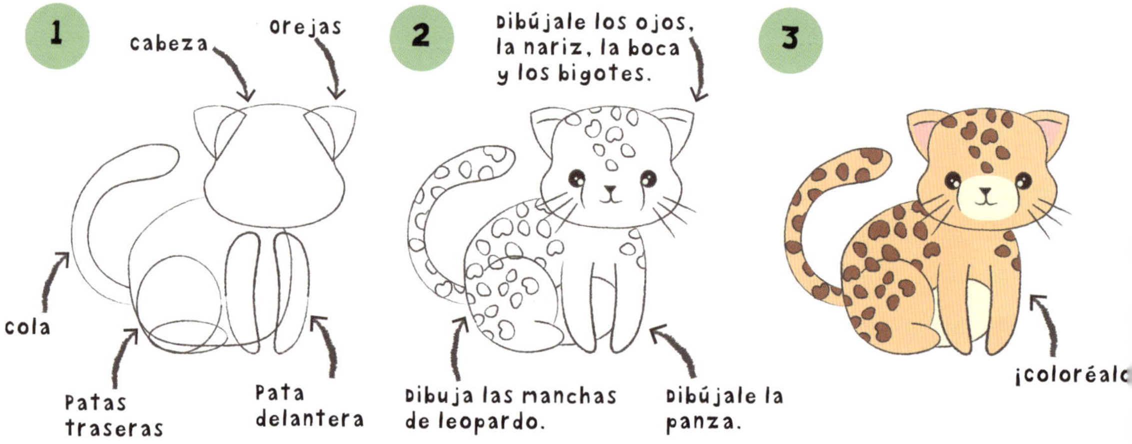

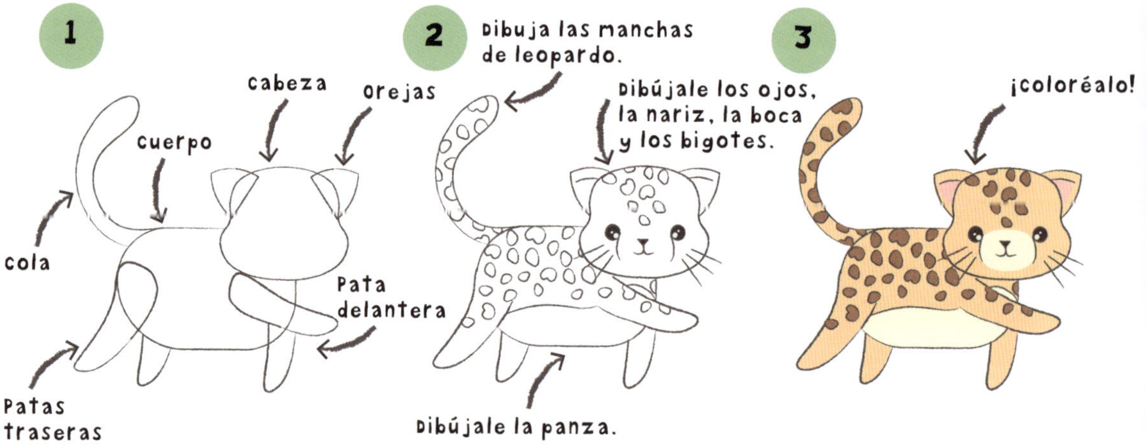

1

cabeza

orejas

cola

Patas
traseras

Pata
delantera

2

Dibújale los ojos,
la nariz, la boca
y los bigotes.

Dibuja las manchas
de leopardo.

Dibújale la
panza.

3

¡coloréalo

1

cabeza

cuerpo

orejas

cola

Pata
delantera

Patas
traseras

2

Dibuja las manchas
de leopardo.

Dibújale los ojos,
la nariz, la boca
y los bigotes.

Dibújale la panza.

3

¡coloréalo!

Borra todos los trazos de esbozado superfluos.

¿Por qué no dibujas
un leopardo kawaii
sentado en la rama
de un árbol?

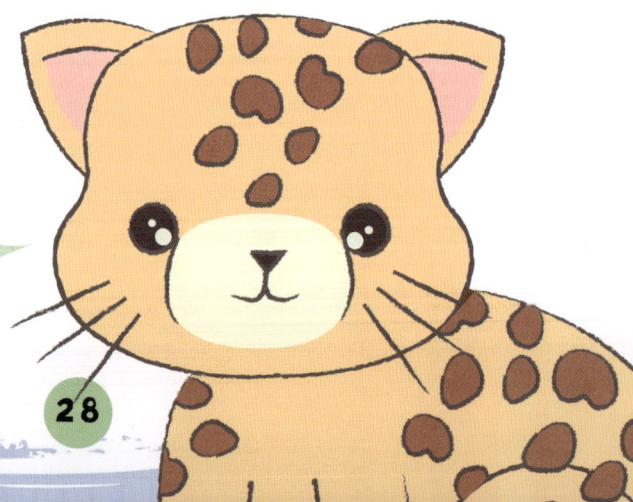

28

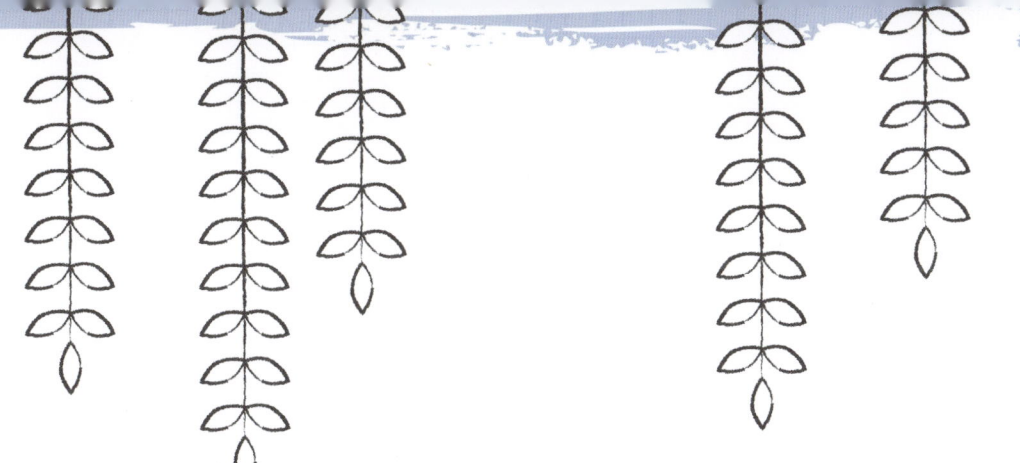

Ahora dibuja tú
un leopardo.

oso panda kawaii

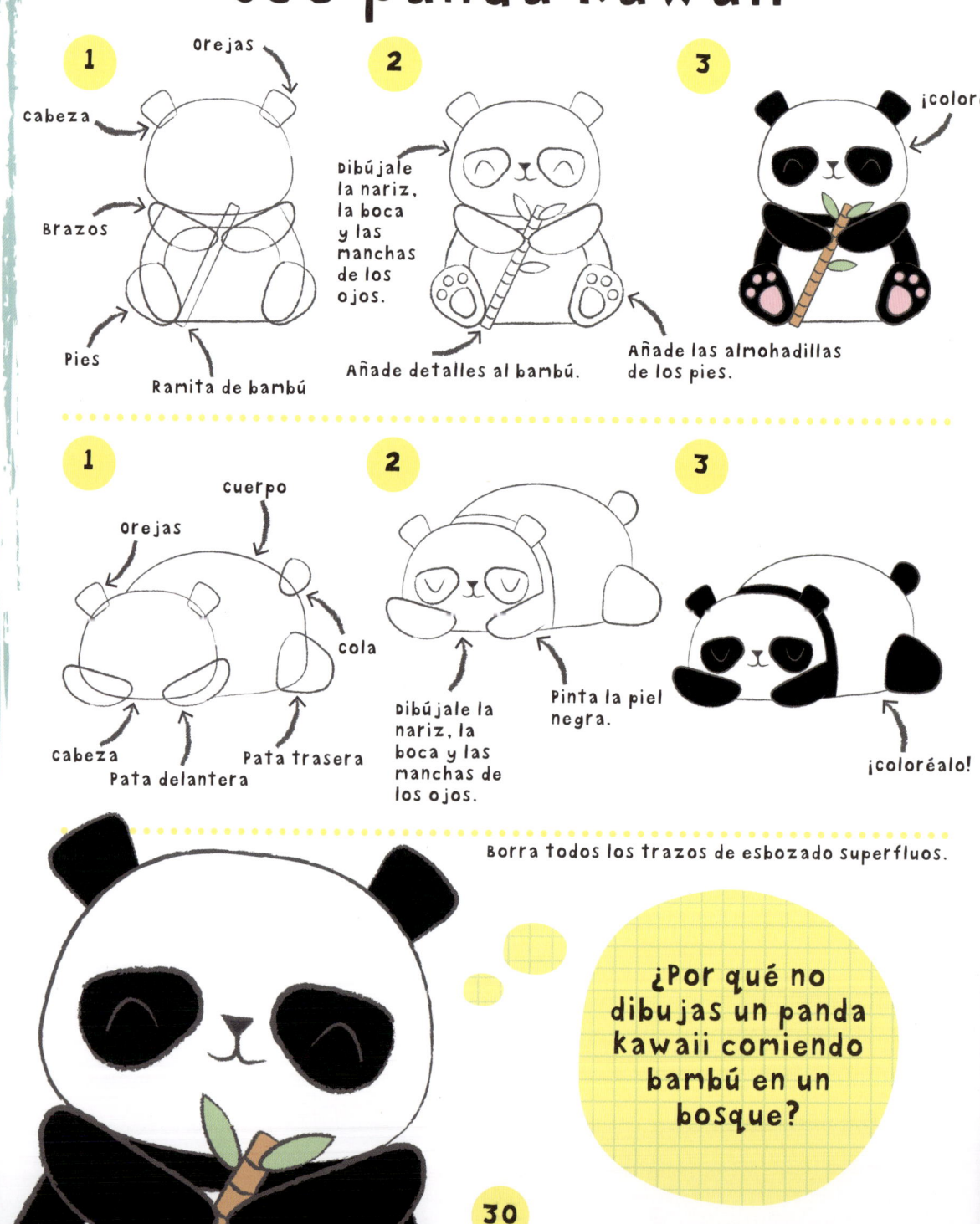

1

Orejas

Cabeza

Brazos

Pies

Ramita de bambú

2

Dibújale la nariz, la boca y las manchas de los ojos.

Añade detalles al bambú.

3

¡Coloré

Añade las almohadillas de los pies.

1

Orejas

cuerpo

cola

Cabeza

Pata delantera

Pata trasera

2

Dibújale la nariz, la boca y las manchas de los ojos.

Pinta la piel negra.

3

¡coloréalo!

Borra todos los trazos de esbozado superfluos.

¿Por qué no dibujas un panda kawaii comiendo bambú en un bosque?

Ahora
dibuja tú
un oso panda.

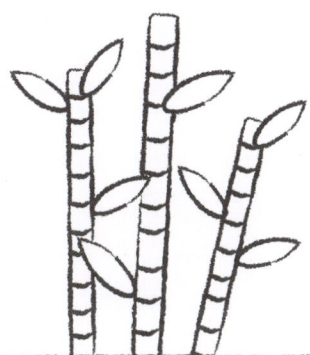

Mapache kawaii

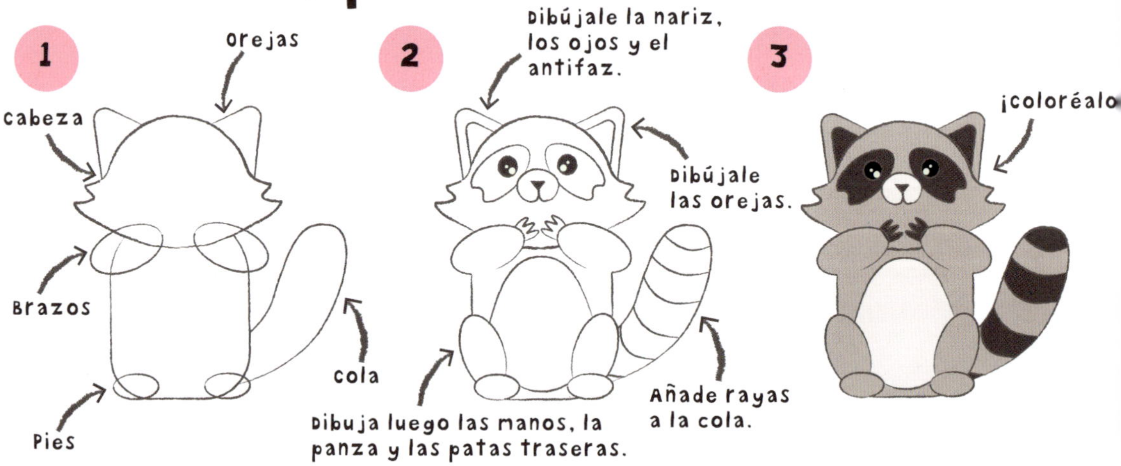

1

cabeza

orejas

Brazos

Pies

cola

2

Dibújale la nariz, los ojos y el antifaz.

Dibújale las orejas.

Dibuja luego las manos, la panza y las patas traseras.

Añade rayas a la cola.

3

¡coloréalo!

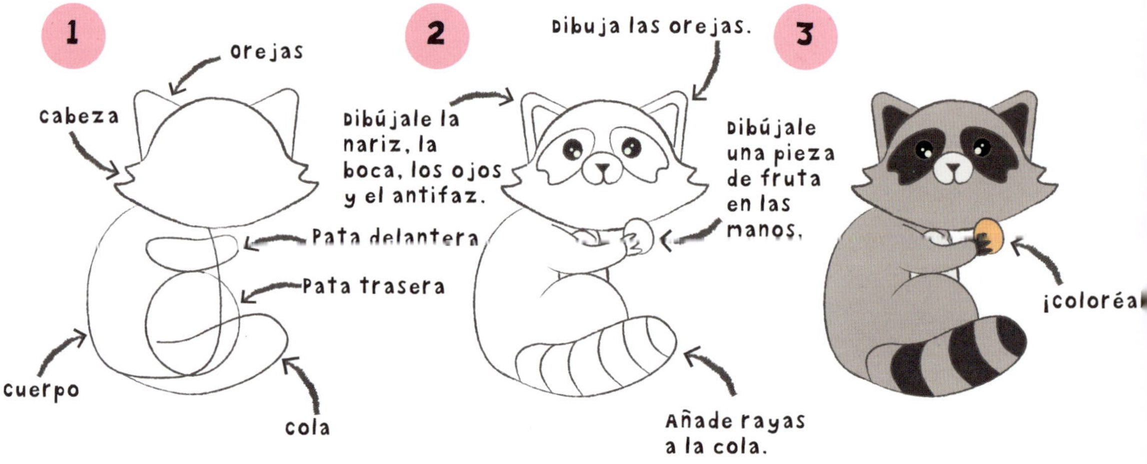

1

cabeza

Orejas

Cuerpo

Pata delantera

Pata trasera

cola

2

Dibuja las orejas.

Dibújale la nariz, la boca, los ojos y el antifaz.

Dibújale una pieza de fruta en las manos,

Añade rayas a la cola.

3

¡coloréala!

Borra todos los trazos de esbozado superfluos.

¿Por qué no dibujas un mapache kawaii buscando alimento?

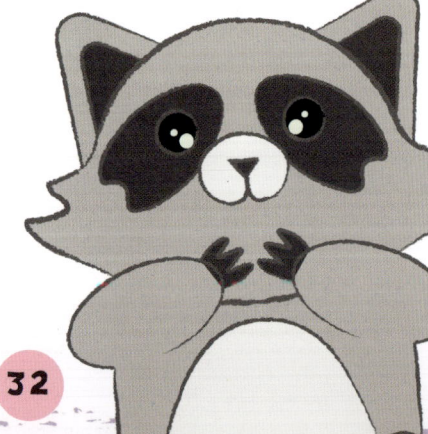

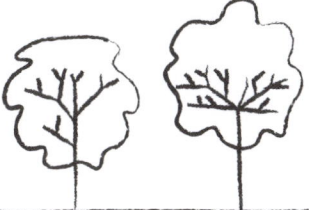

Ahora dibuja tú
un mapache.

zorro kawaii

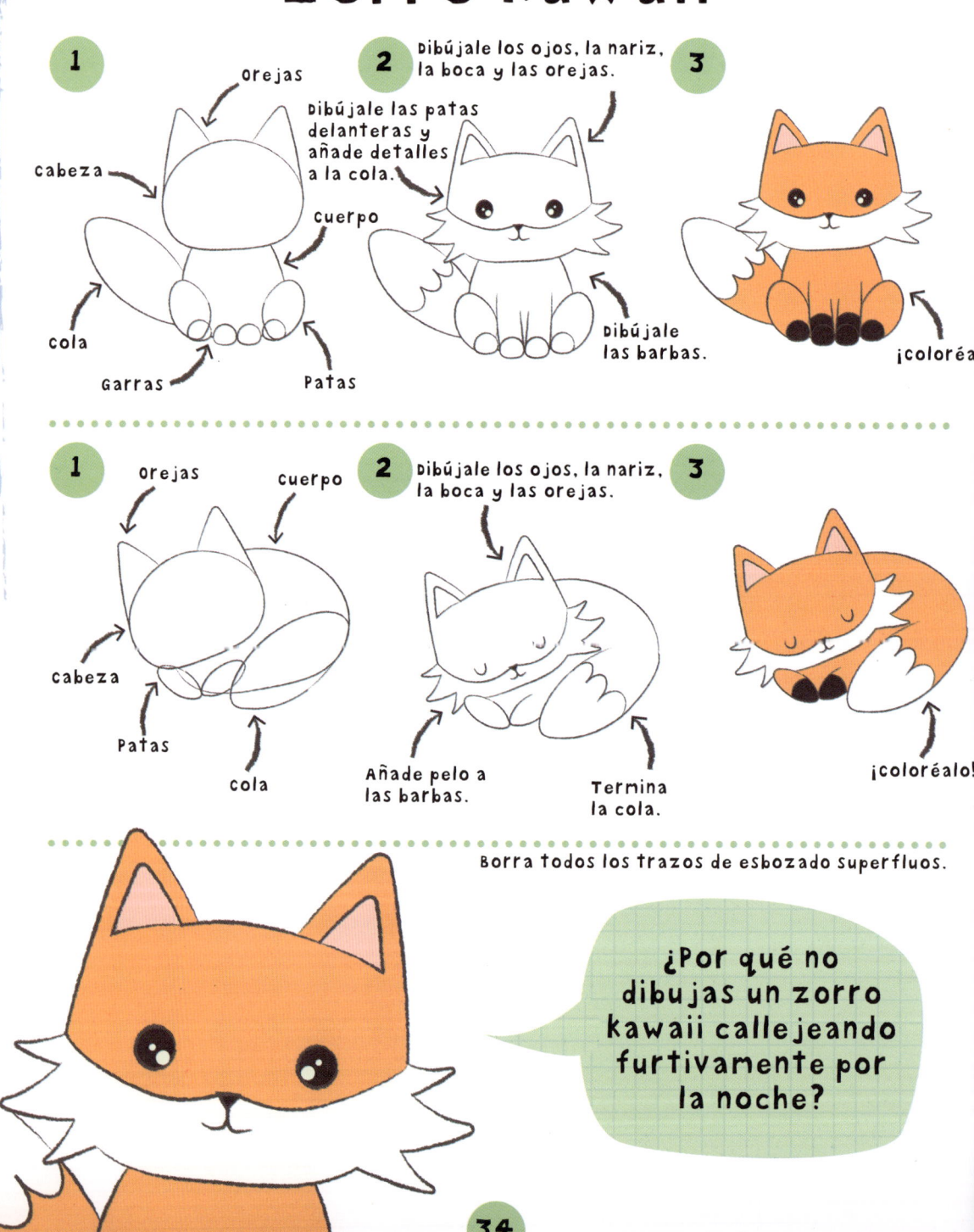

1

Orejas

cabeza

cola

Garras

Patas

cuerpo

2 Dibújale los ojos, la nariz, la boca y las orejas.

Dibújale las patas delanteras y añade detalles a la cola.

Dibújale las barbas.

3

¡coloréa

1

Orejas

cuerpo

cabeza

Patas

cola

2 Dibújale los ojos, la nariz, la boca y las orejas.

Añade pelo a las barbas.

Termina la cola.

3

¡coloréalo!

Borra todos los trazos de esbozado superfluos.

¿Por qué no dibujas un zorro kawaii callejeando furtivamente por la noche?

34

Ahora
dibuja tú
un zorro.

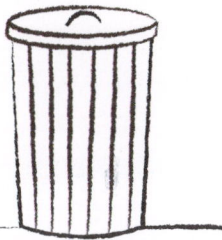

Pulpo kawaii

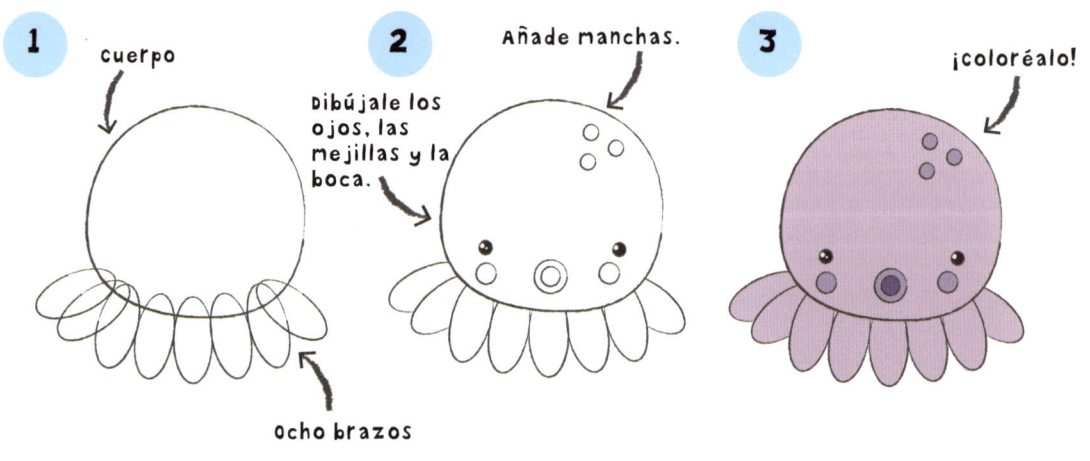

1 cuerpo

Ocho brazos

2 Dibújale los ojos, las mejillas y la boca.

Añade manchas.

3 ¡coloréalo!

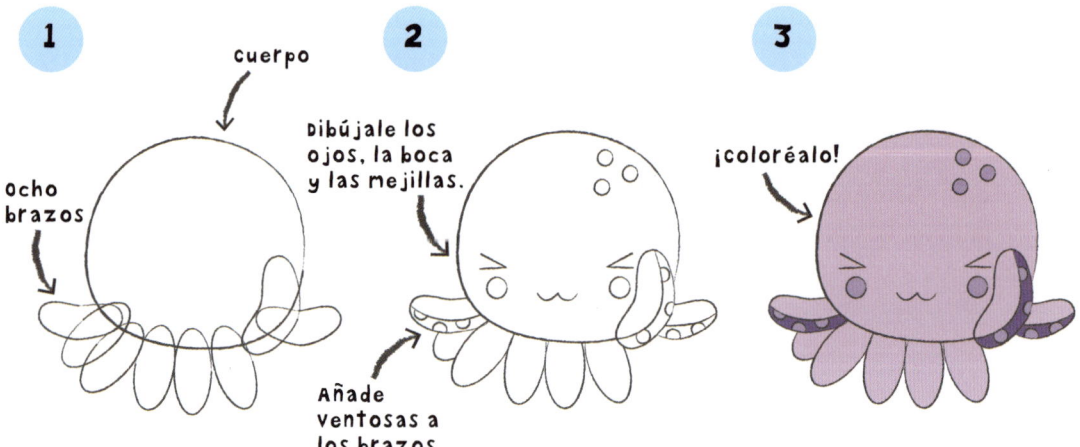

1 cuerpo

Ocho brazos

2 Dibújale los ojos, la boca y las mejillas.

Añade ventosas a los brazos.

3 ¡coloréalo!

Borra todos los trazos de esbozado superfluos.

¿Por qué no dibujas un pulpo kawaii flotando en un paisaje submarino?

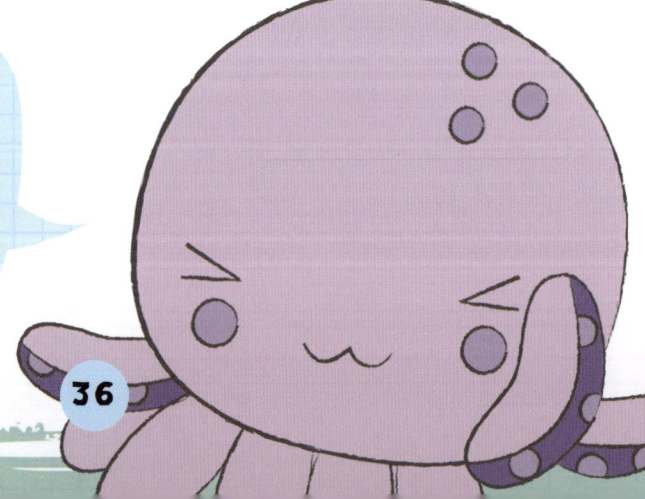

Ahora dibuja
tú un pulpo.

Gata kawaii

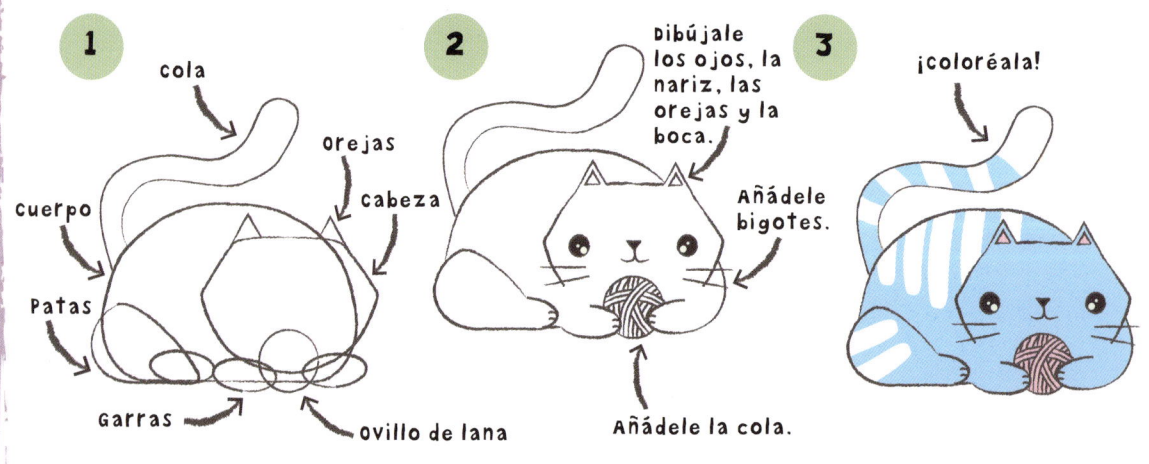

1 cola · orejas · cuerpo · cabeza · Patas · Garras · Ovillo de lana

2 Dibújale los ojos, la nariz, las orejas y la boca. · Añádele bigotes. · Añádele la cola.

3 ¡coloréala!

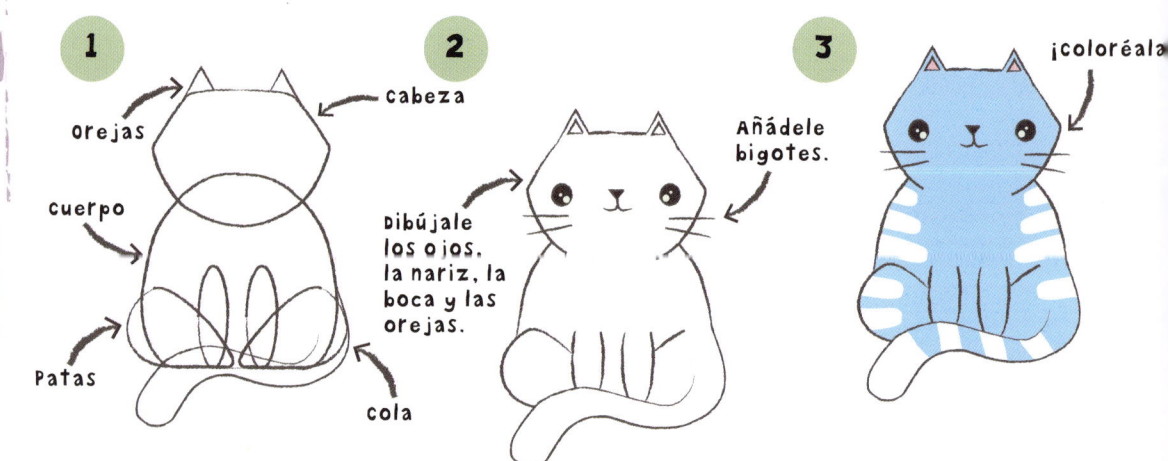

1 orejas · cabeza · cuerpo · Patas · cola

2 Dibújale los ojos, la nariz, la boca y las orejas. · Añádele bigotes.

3 ¡coloréala!

Borra todos los trazos de esbozado superfluos.

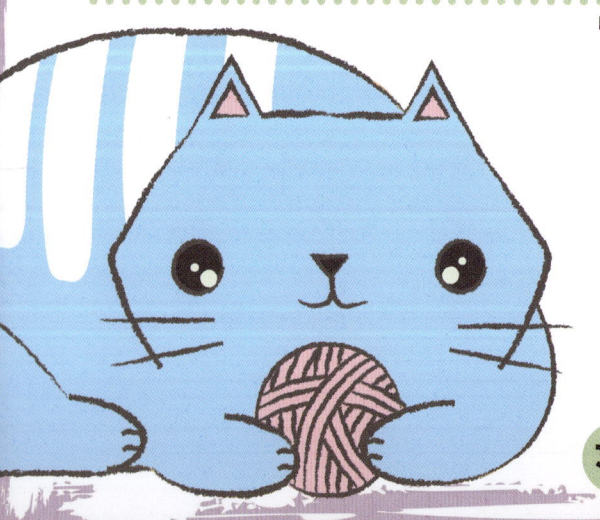

¿Por qué no dibujas una gata kawaii jugando con un ovillo de lana o cazando un ratón?

38

Ahora dibuja
tú una gata.

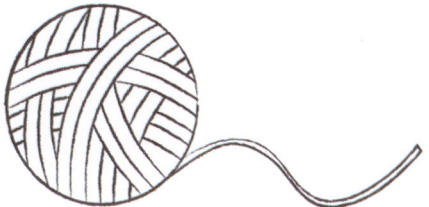

León kawaii

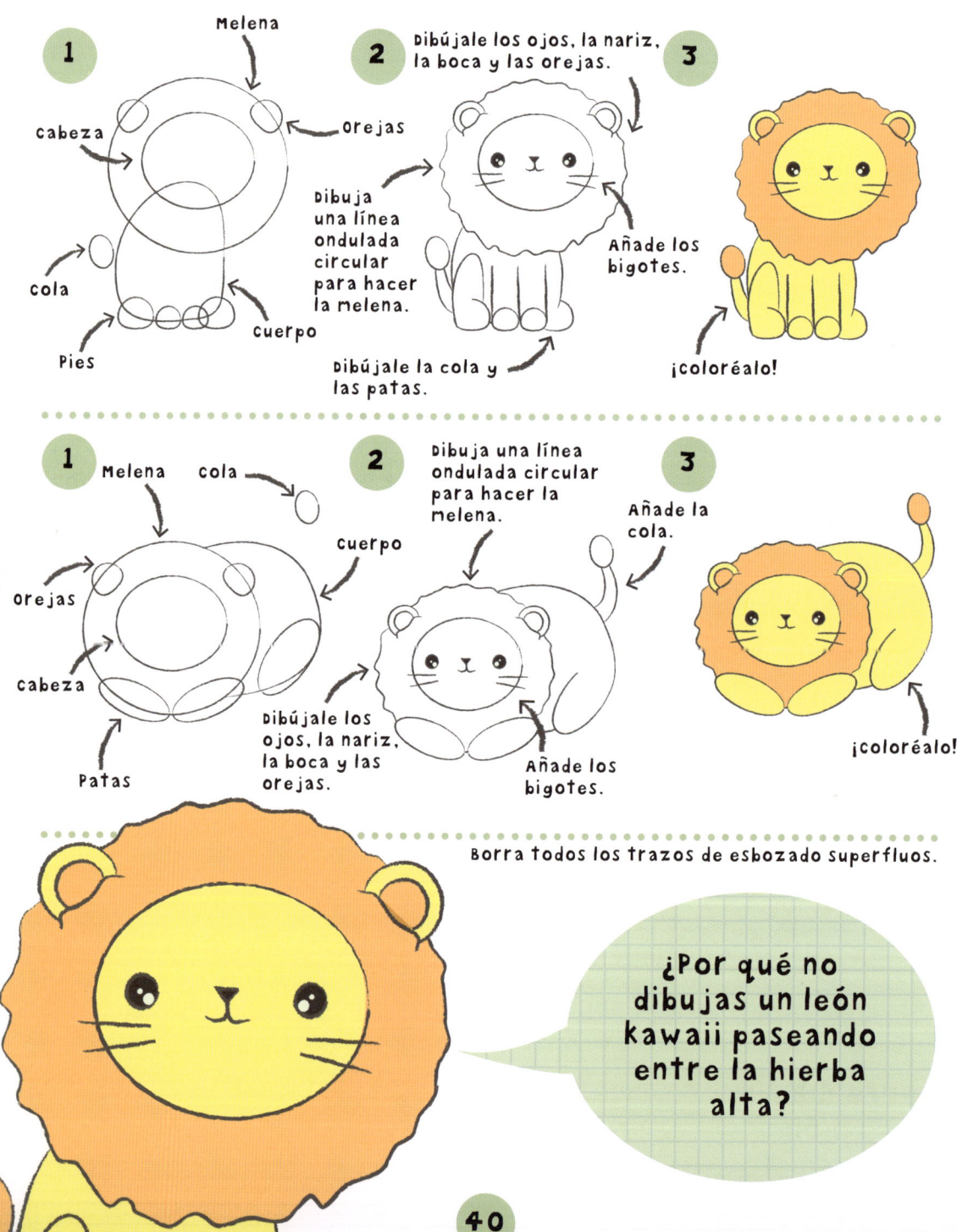

1

Melena

cabeza

orejas

cola

cuerpo

Pies

2 Dibújale los ojos, la nariz, la boca y las orejas.

Dibuja una línea ondulada circular para hacer la melena.

Añade los bigotes.

Dibújale la cola y las patas.

3

¡coloréalo!

1

Melena

cola

cuerpo

orejas

cabeza

Patas

Dibújale los ojos, la nariz, la boca y las orejas.

2 Dibuja una línea ondulada circular para hacer la melena.

Añade la cola.

Añade los bigotes.

3

¡coloréalo!

Borra todos los trazos de esbozado superfluos.

¿Por qué no dibujas un león kawaii paseando entre la hierba alta?

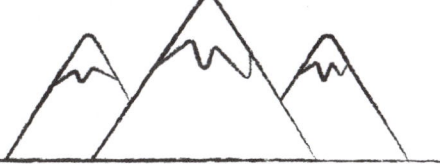

Ahora dibuja
tú un león.

jirafa kawaii

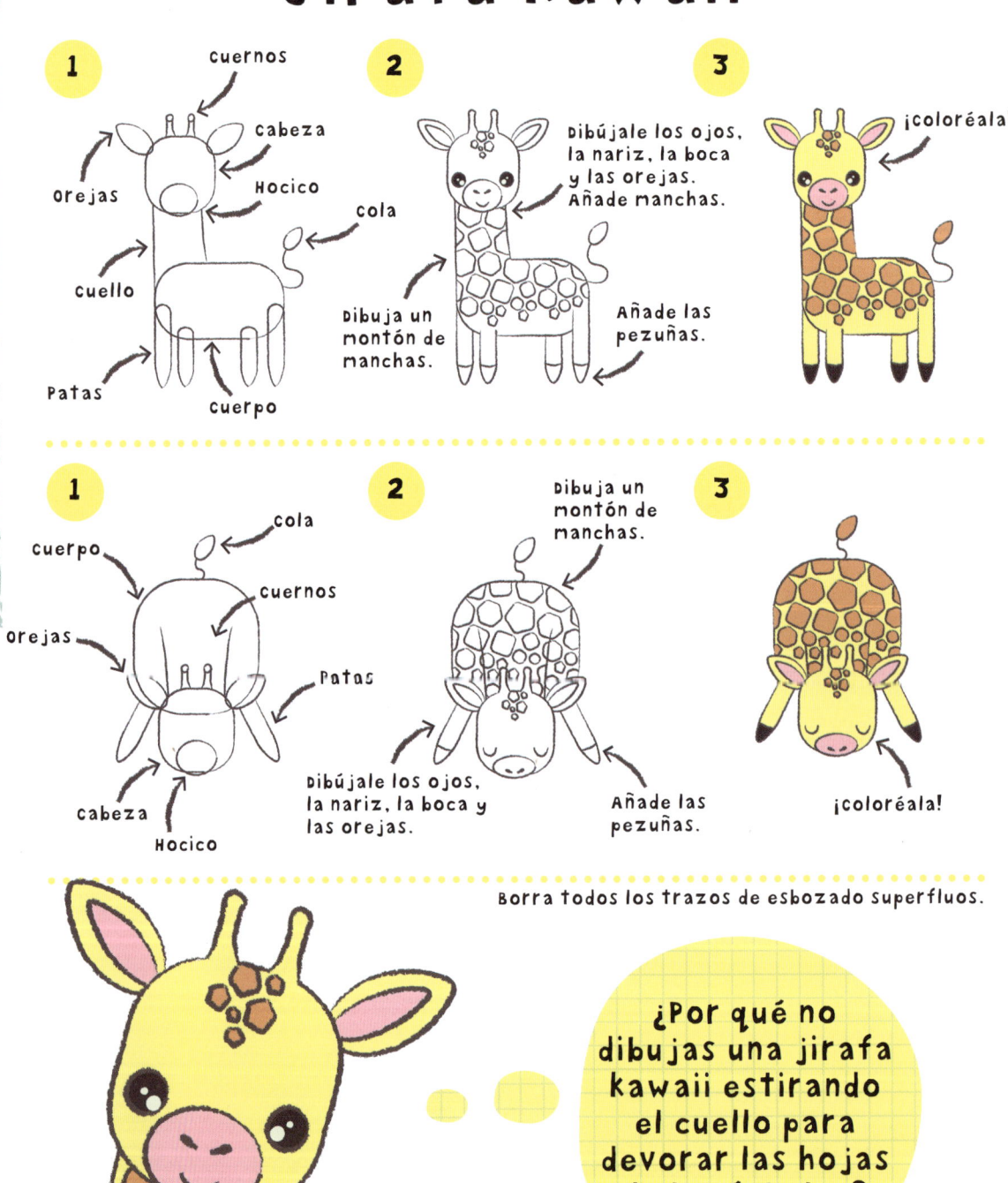

1

cuernos

cabeza

orejas

Hocico

cola

cuello

Patas

cuerpo

2

Dibújale los ojos, la nariz, la boca y las orejas. Añade manchas.

Dibuja un montón de manchas.

Añade las pezuñas.

3

¡coloréala!

1

cuerpo

cola

cuernos

orejas

Patas

cabeza

Hocico

2

Dibuja un montón de manchas.

Dibújale los ojos, la nariz, la boca y las orejas.

Añade las pezuñas.

3

¡coloréala!

Borra todos los trazos de esbozado superfluos.

¿Por qué no dibujas una jirafa kawaii estirando el cuello para devorar las hojas de los árboles?

42

Ahora
dibuja tú
una jirafa.

Tortuga kawaii

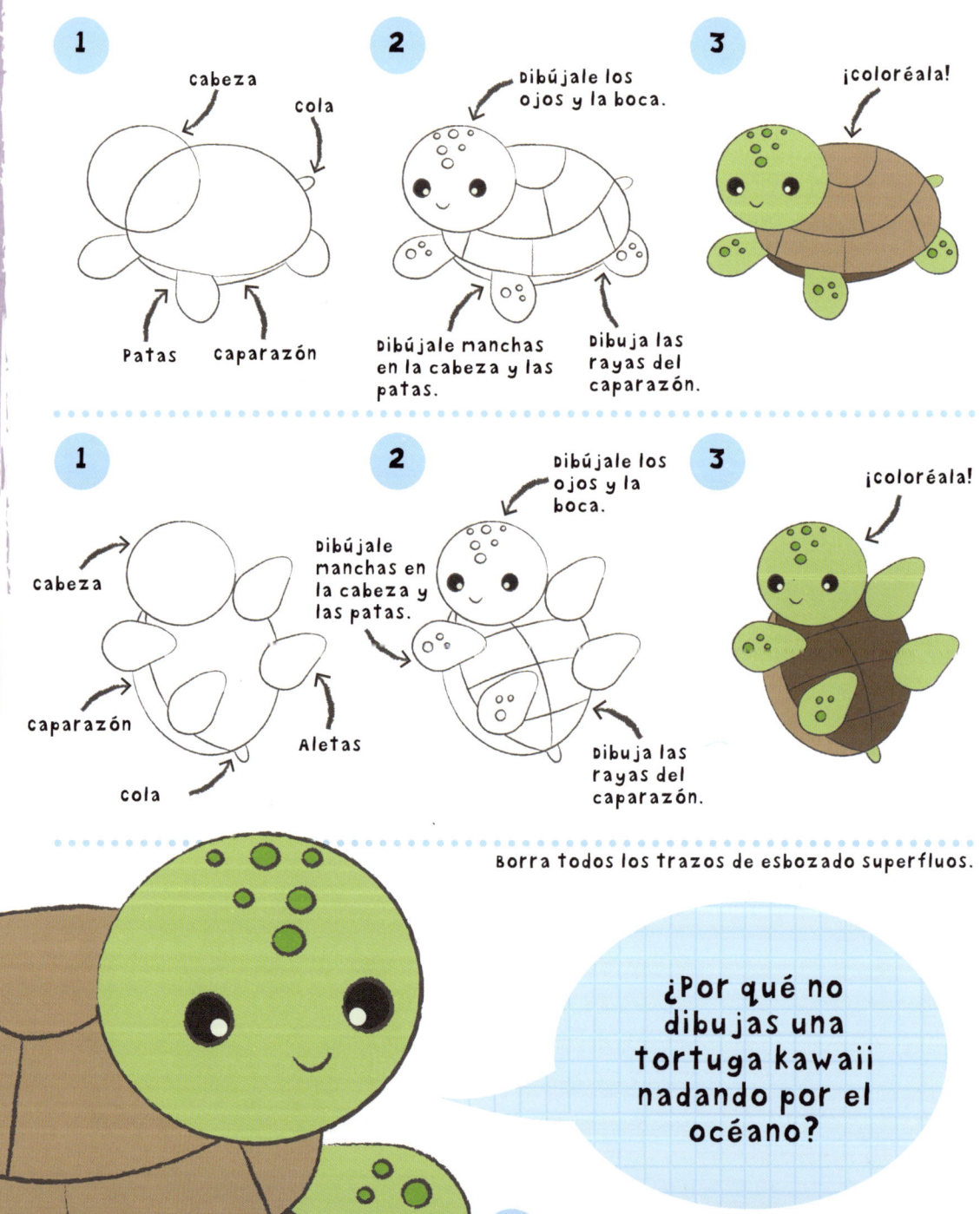

1
cabeza
cola
Patas Caparazón

2
Dibújale los ojos y la boca.
Dibújale manchas en la cabeza y las patas.
Dibuja las rayas del caparazón.

3
¡coloréala!

1
cabeza
Caparazón
cola
Aletas

2
Dibújale manchas en la cabeza y las patas.
Dibújale los ojos y la boca.
Dibuja las rayas del caparazón.

3
¡coloréala!

Borra todos los trazos de esbozado superfluos.

¿Por qué no dibujas una tortuga kawaii nadando por el océano?

44

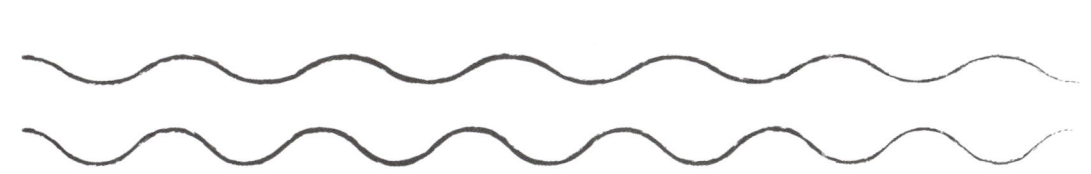

Ahora dibuja tú
una tortuga.

Narval kawaii

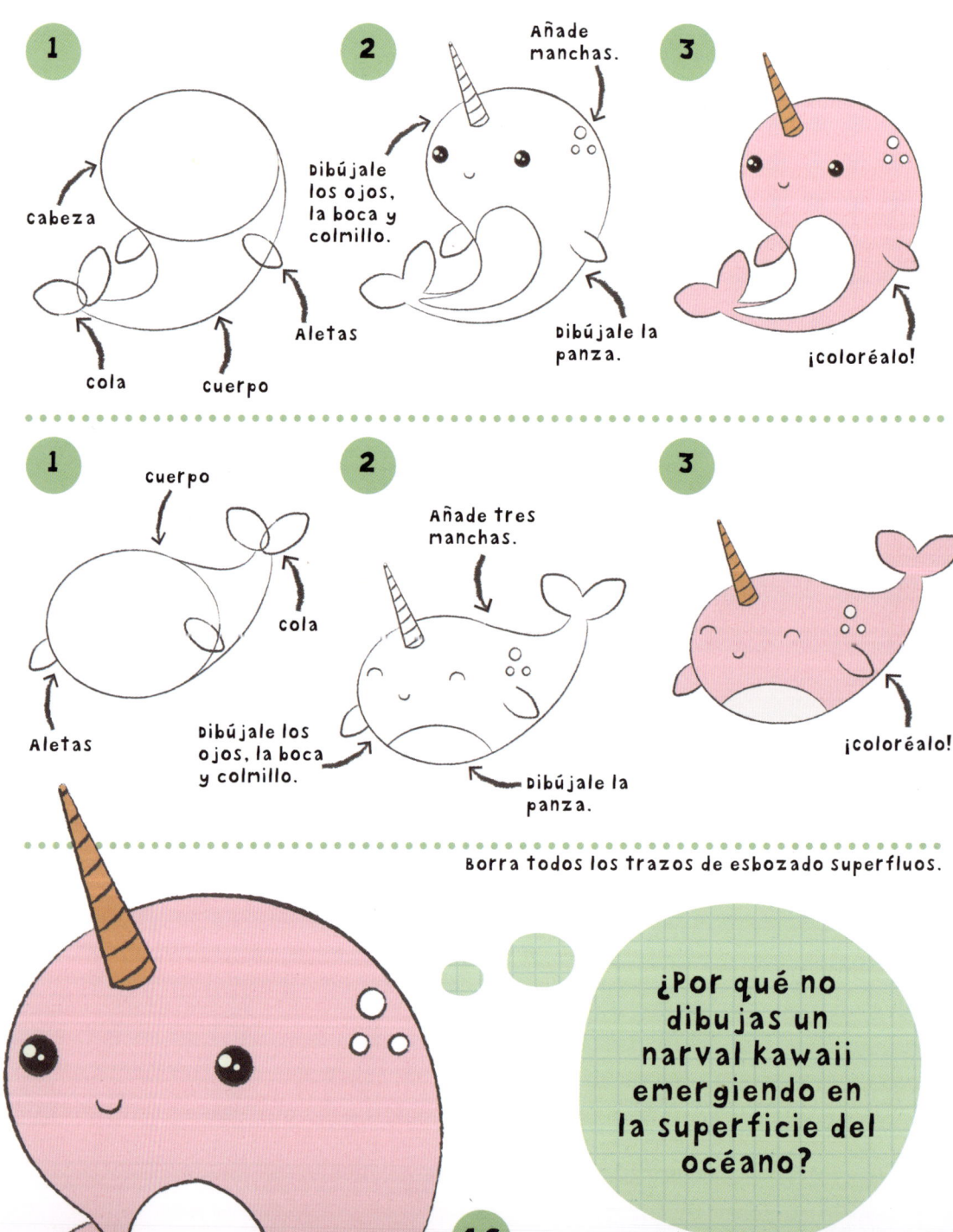

1

cabeza

cola cuerpo

Aletas

2

Añade manchas.

Dibújale los ojos, la boca y colmillo.

Dibújale la panza.

3

¡coloréalo!

1

cuerpo

cola

Aletas

2

Añade tres manchas.

Dibújale los ojos, la boca y colmillo.

Dibújale la panza.

3

¡coloréalo!

Borra todos los trazos de esbozado superfluos.

¿Por qué no dibujas un narval kawaii emergiendo en la superficie del océano?

46

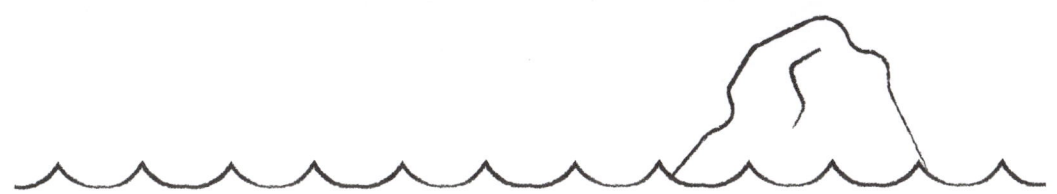

Ahora dibuja
tú un narval.

Hámster kawaii

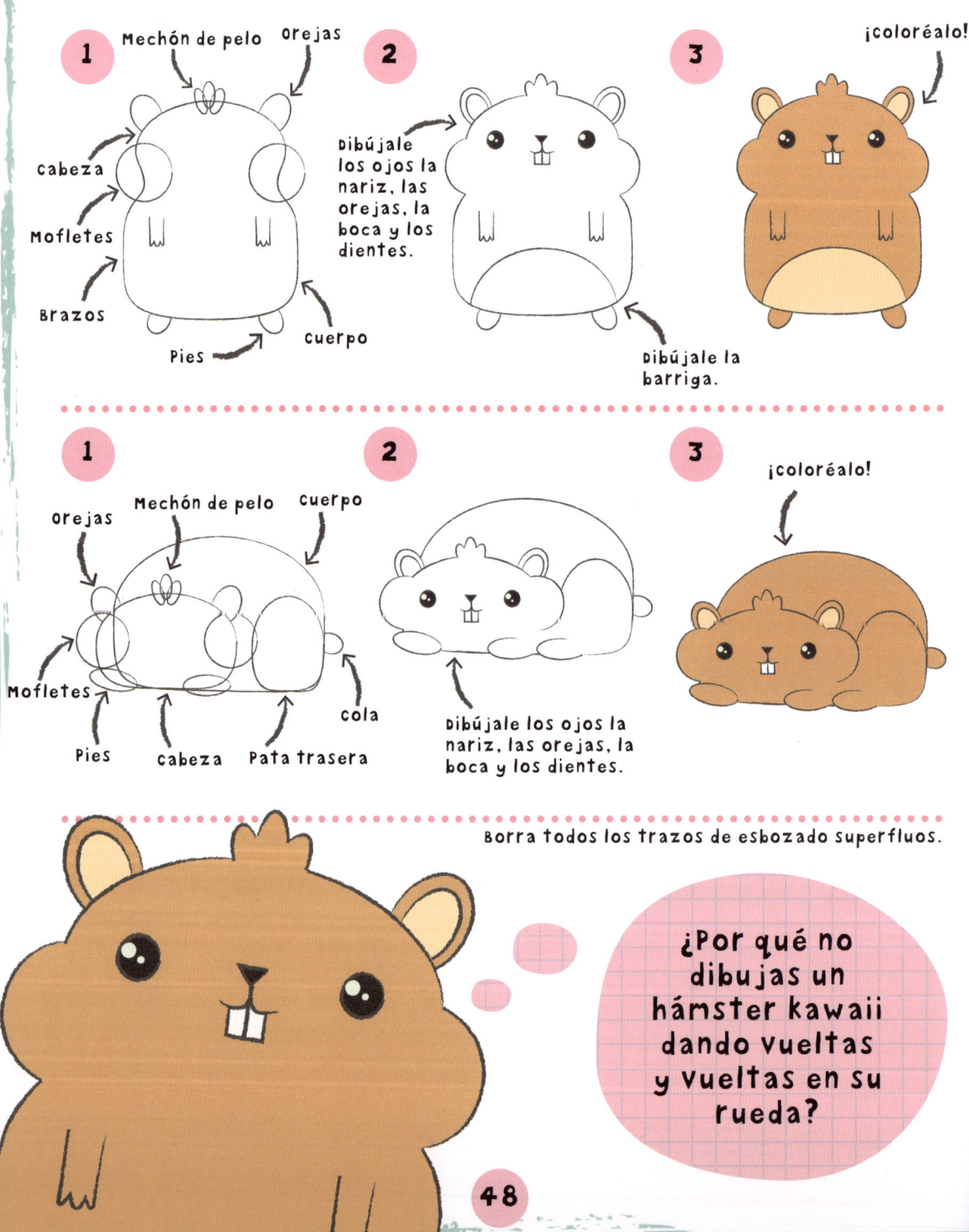

1

Mechón de pelo
Orejas
Cabeza
Mofletes
Brazos
Pies
Cuerpo

2

Dibújale los ojos la nariz, las orejas, la boca y los dientes.

Dibújale la barriga.

3

¡coloréalo!

1

Orejas
Mechón de pelo
Cuerpo
Mofletes
Pies
Cabeza
Pata trasera
Cola

2

Dibújale los ojos la nariz, las orejas, la boca y los dientes.

3

¡coloréalo!

Borra todos los trazos de esbozado superfluos.

¿Por qué no dibujas un hámster kawaii dando vueltas y vueltas en su rueda?

Ahora
dibuja tú
un hámster.

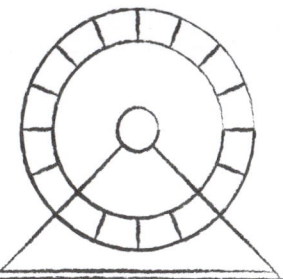

Foca kawaii

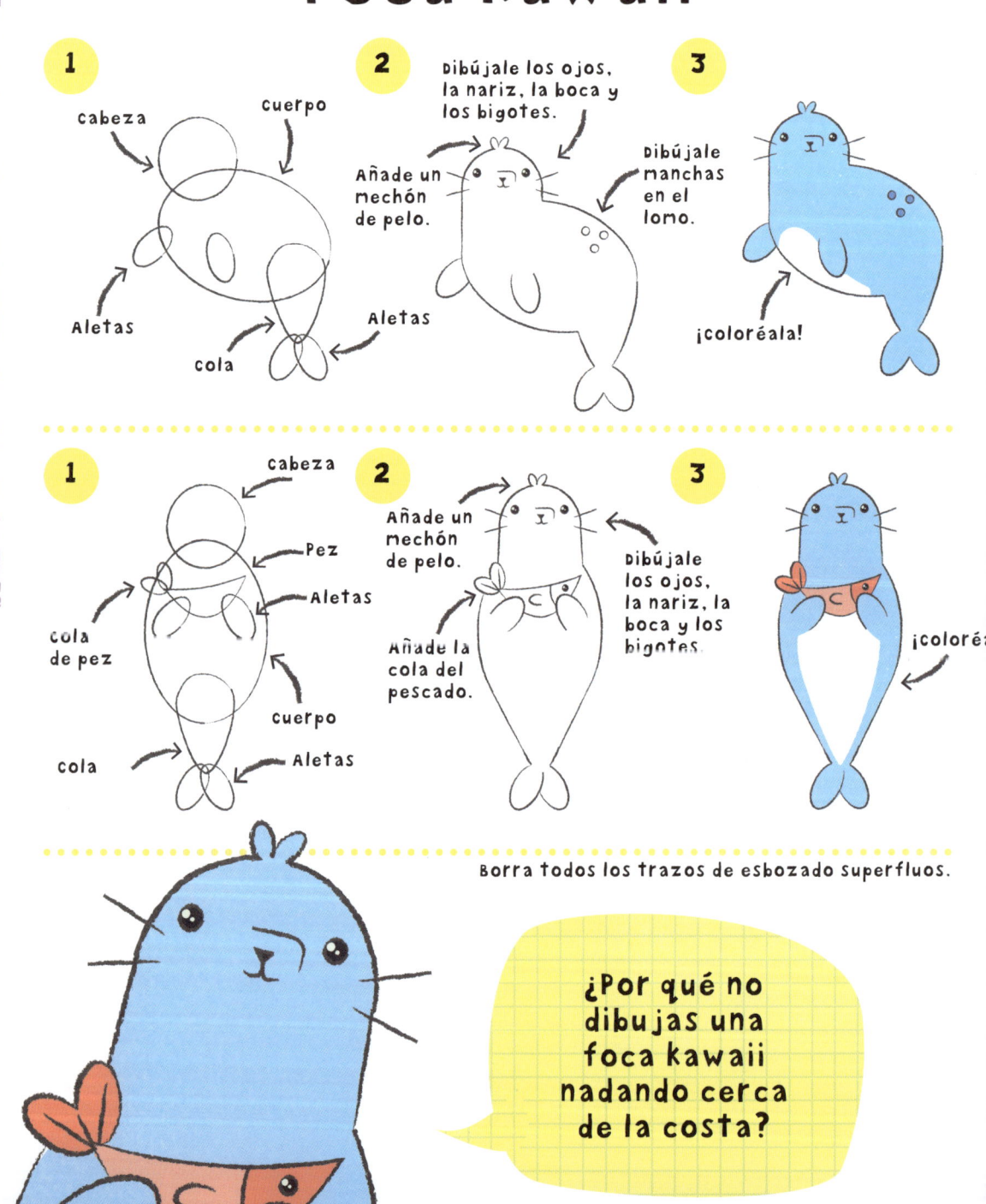

1

cabeza
cuerpo
Aletas
cola
Aletas

2

Dibújale los ojos, la nariz, la boca y los bigotes.

Añade un mechón de pelo.

3

Dibújale manchas en el lomo.

¡coloréala!

1

cabeza
Pez
Aletas
cola de pez
cuerpo
cola
Aletas

2

Añade un mechón de pelo.

Añade la cola del pescado.

Dibújale los ojos, la nariz, la boca y los bigotes.

3

¡coloréa

Borra todos los trazos de esbozado superfluos.

¿Por qué no dibujas una foca kawaii nadando cerca de la costa?

Ahora dibuja
tú una foca.

Pollito kawaii

1 cuerpo Alas cola

2 Añade rayas. Dibújale los ojos y el pico. Añádele algunas plumas. Dibuja las patitas.

3 ¡coloréalo!

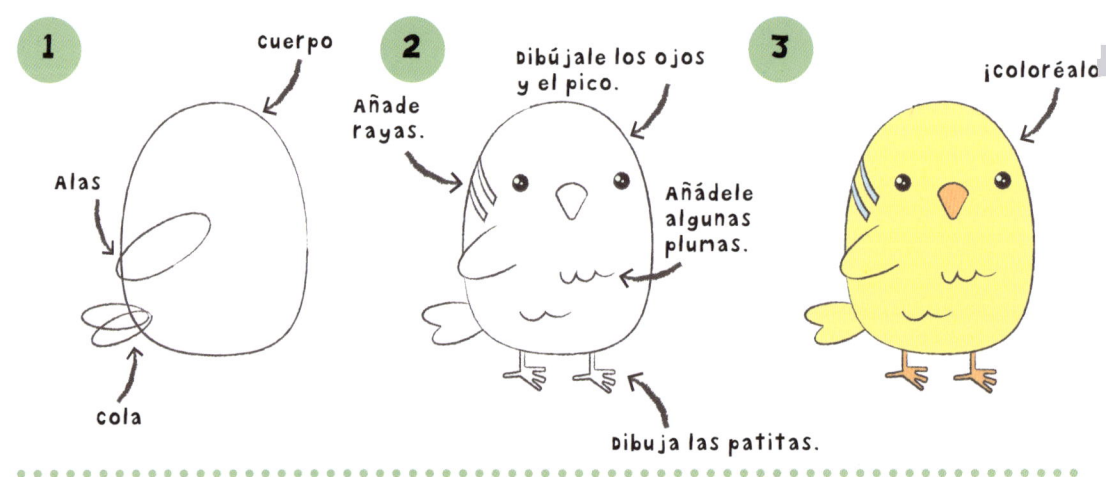

1 cuerpo cola Alas

2 Dibuja las patitas. Añade rayas. Dibújale los ojos y el pico.

3 ¡coloréalo!

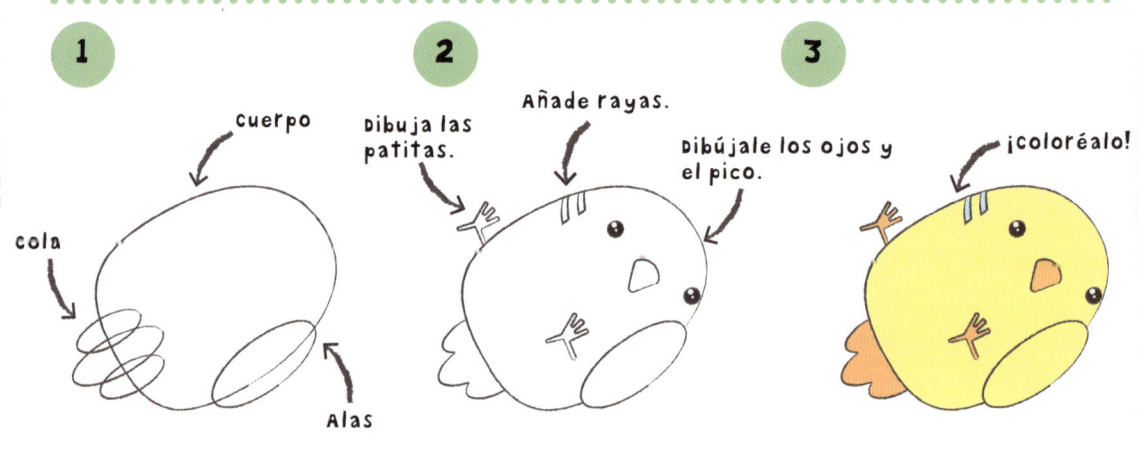

Borra todos los trazos de esbozado superfluos.

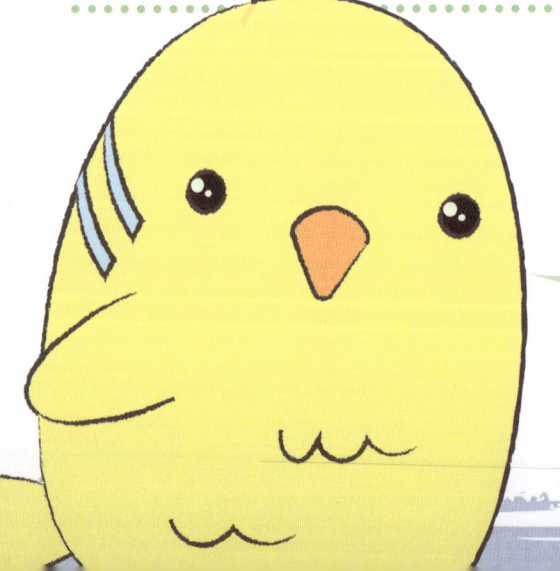

¿Por qué no dibujas un montón de pollitos kawaii acurrucados en un gallinero?

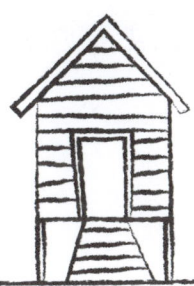

Ahora dibuja
tú un pollito.

Perro kawaii

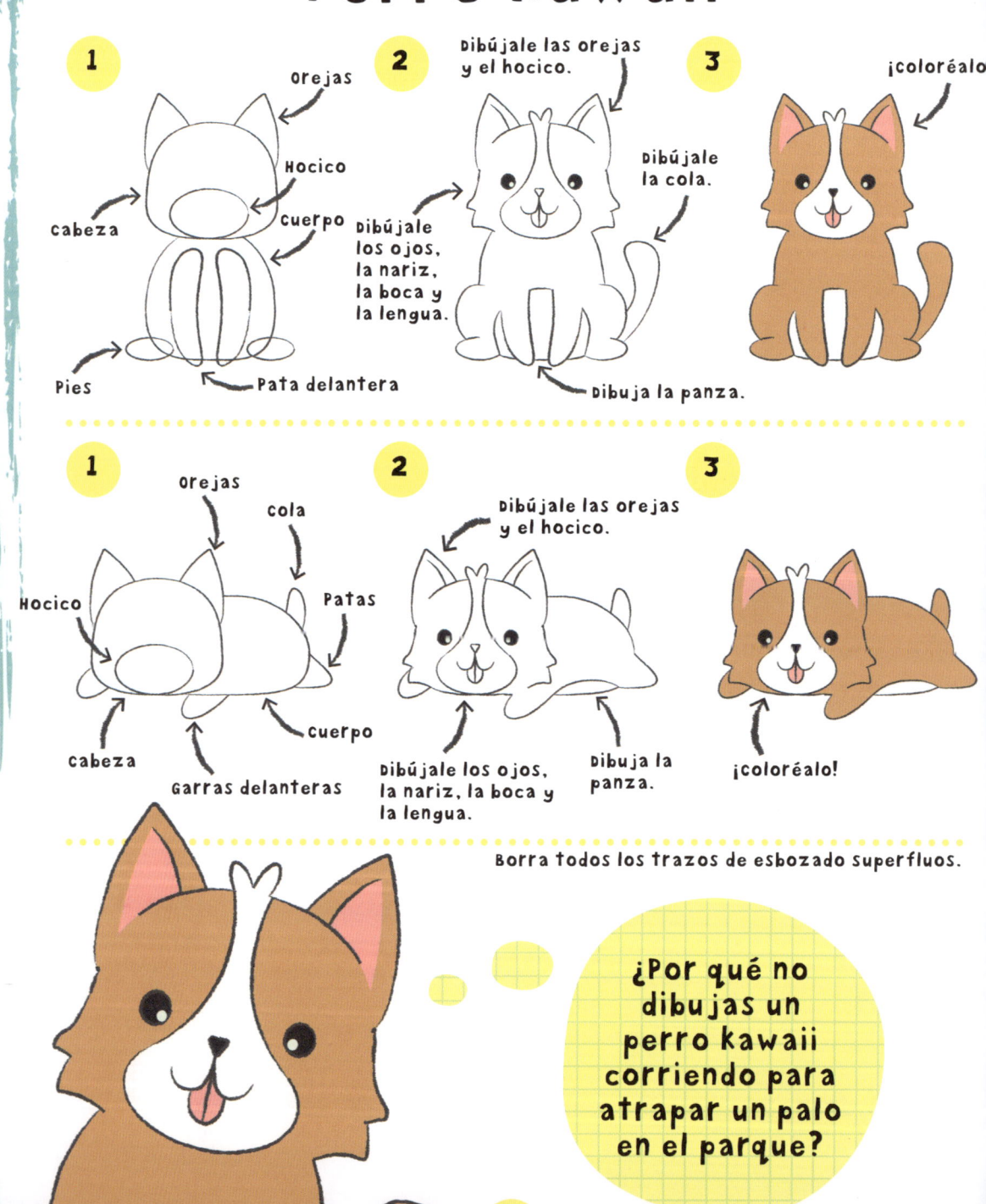

1

Orejas

Hocico

Cabeza

Cuerpo

Pies

Pata delantera

2

Dibújale las orejas y el hocico.

Dibújale la cola.

Dibújale los ojos, la nariz, la boca y la lengua.

Dibuja la panza.

3

¡coloréalo!

1

Orejas

cola

Patas

Hocico

Cabeza

Cuerpo

Garras delanteras

2

Dibújale las orejas y el hocico.

Dibújale los ojos, la nariz, la boca y la lengua.

Dibuja la panza.

3

¡coloréalo!

Borra todos los trazos de esbozado superfluos.

¿Por qué no dibujas un perro kawaii corriendo para atrapar un palo en el parque?

54

Ahora
dibuja tú
un perro.

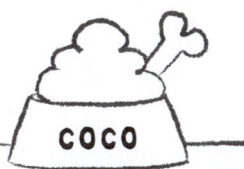

COCO

Ardilla kawaii

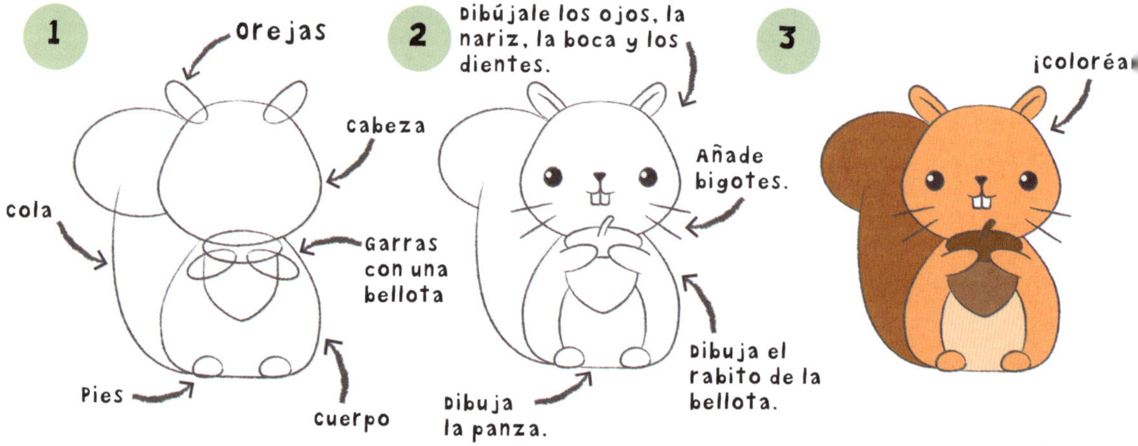

1

Orejas

Cabeza

cola

Garras
con una
bellota

Pies

Cuerpo

2

Dibújale los ojos, la
nariz, la boca y los
dientes.

Añade
bigotes.

Dibuja el
rabito de la
bellota.

Dibuja
la panza.

3

¡coloréa

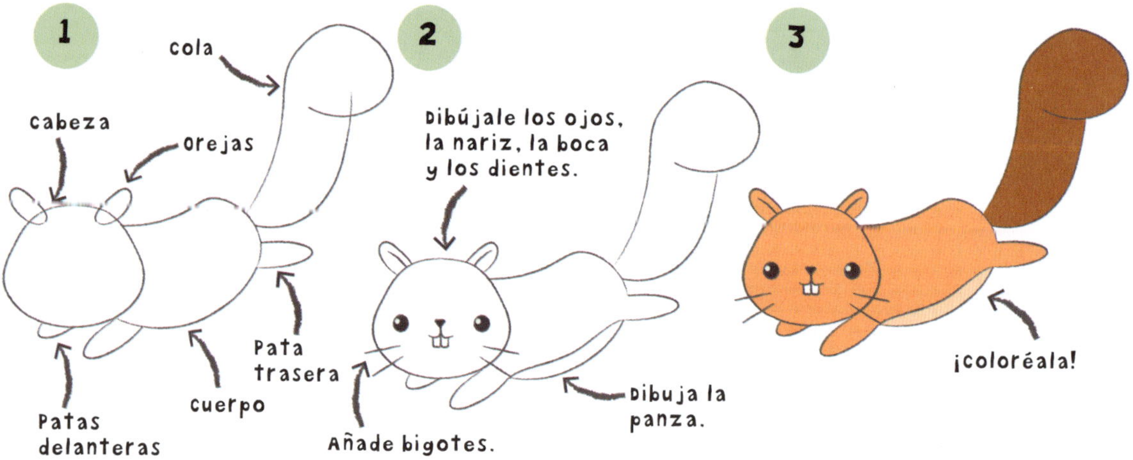

1

cola

Cabeza

Orejas

Pata
trasera

Cuerpo

Patas
delanteras

2

Dibújale los ojos,
la nariz, la boca
y los dientes.

Dibuja la
panza.

Añade bigotes.

3

¡coloréala!

Borra todos los trazos de esbozado superfluos.

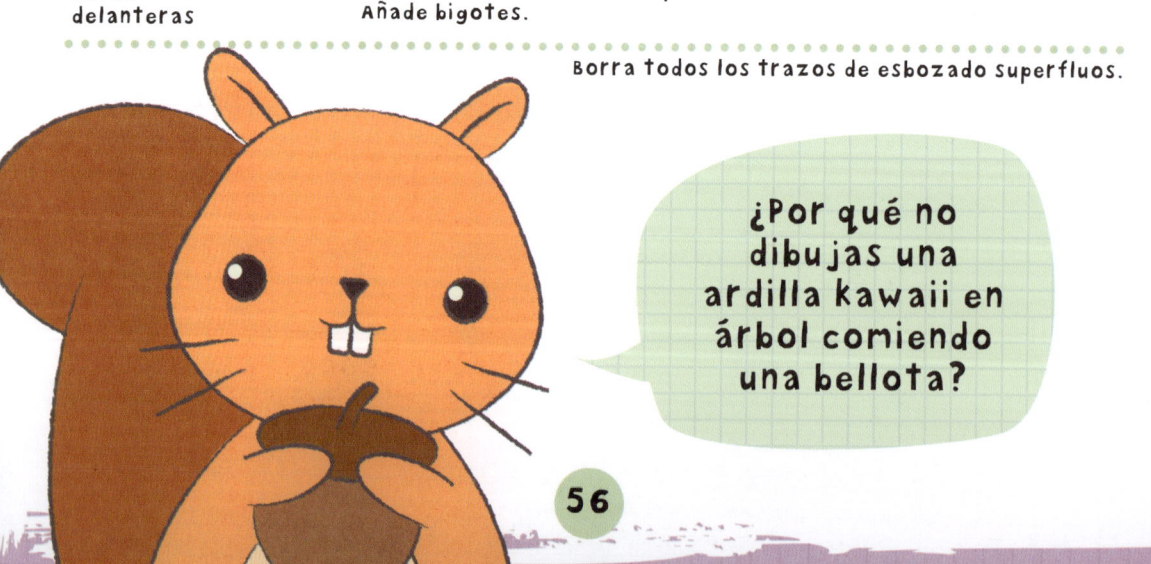

¿Por qué no
dibujas una
ardilla kawaii en
árbol comiendo
una bellota?

Ahora dibuja
tú una ardilla.

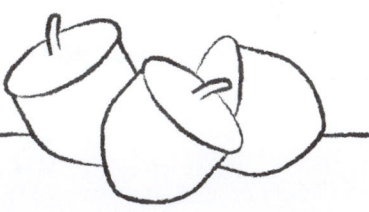

Ajolote kawaii

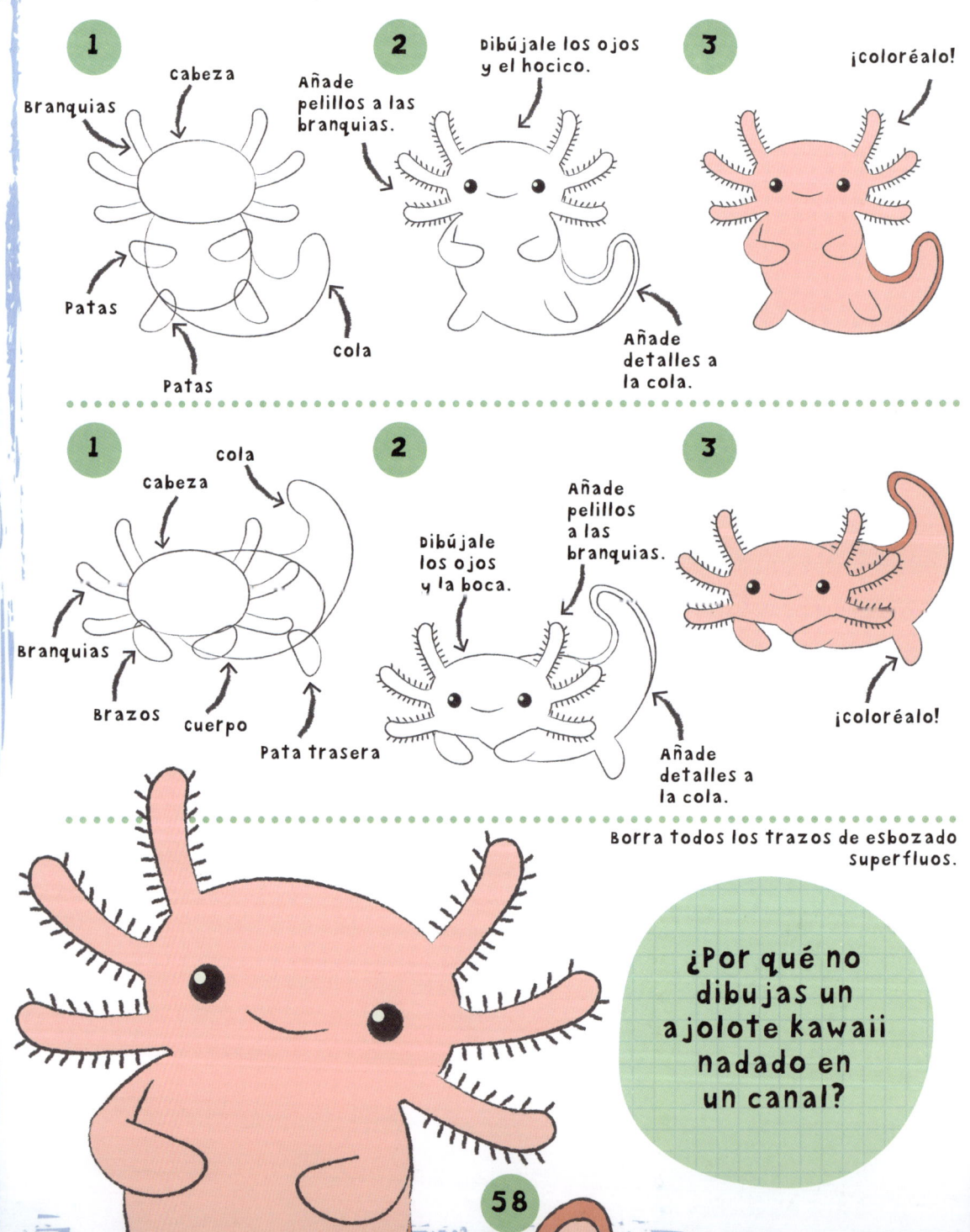

1

Branquias

Cabeza

Patas

Patas

cola

2

Añade pelillos a las branquias.

Dibújale los ojos y el hocico.

Añade detalles a la cola.

3

¡coloréalo!

1

Cabeza

cola

Branquias

Brazos

Cuerpo

Pata trasera

2

Dibújale los ojos y la boca.

Añade pelillos a las branquias.

Añade detalles a la cola.

3

¡coloréalo!

Borra todos los trazos de esbozado superfluos.

¿Por qué no dibujas un ajolote kawaii nadado en un canal?

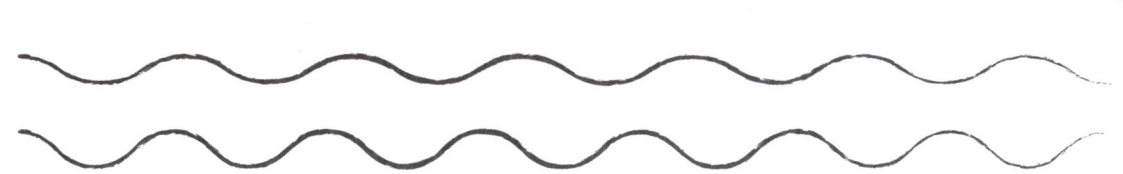

Ahora dibuja tú
un ajolote.

Nutria kawaii

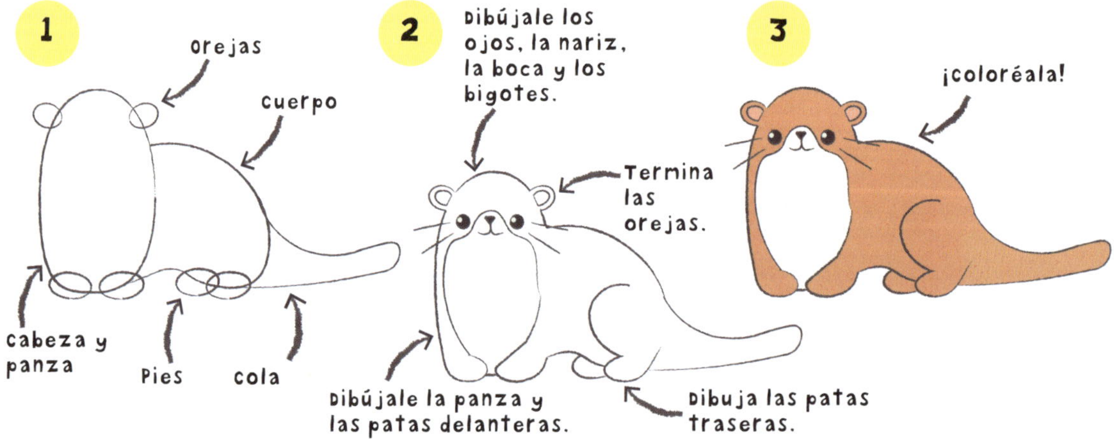

1

orejas

cuerpo

Cabeza y panza

Pies

cola

2

Dibújale los ojos, la nariz, la boca y los bigotes.

Termina las orejas.

Dibújale la panza y las patas delanteras.

Dibuja las patas traseras.

3

¡coloréala!

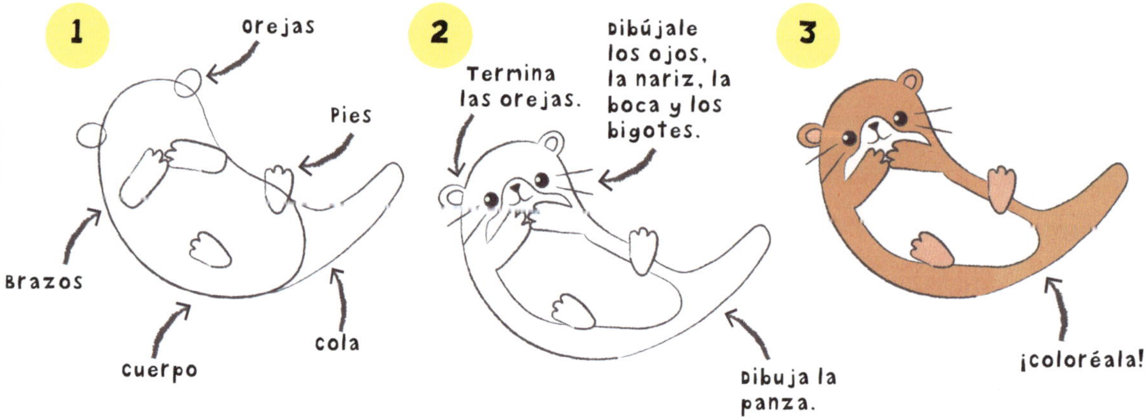

1

orejas

Pies

Brazos

cuerpo

cola

2

Termina las orejas.

Dibújale los ojos, la nariz, la boca y los bigotes.

Dibuja la panza.

3

¡coloréala!

Borra todos los trazos de esbozado superfluos.

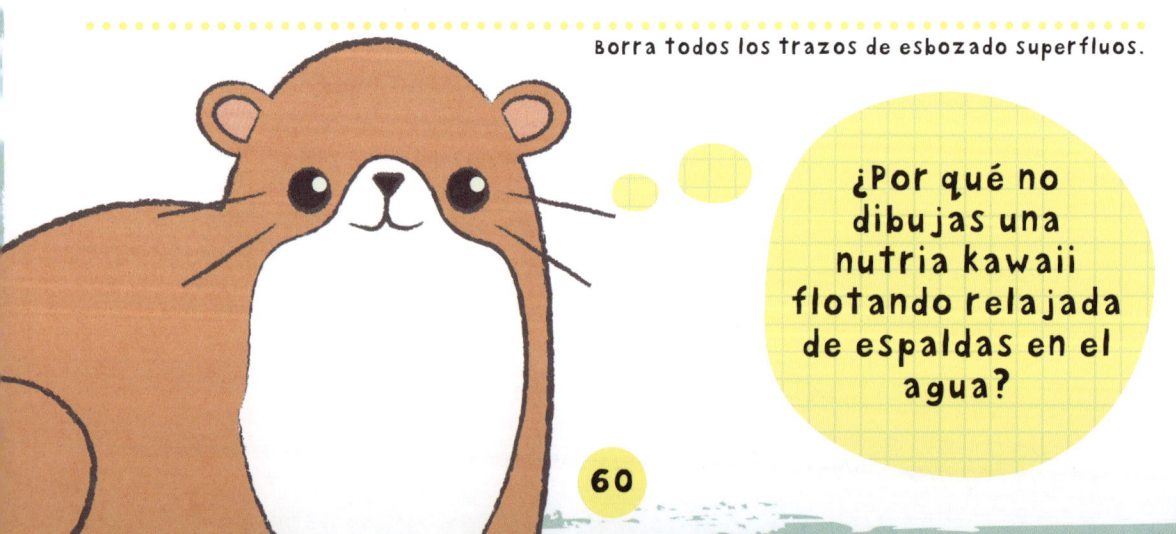

¿Por qué no dibujas una nutria kawaii flotando relajada de espaldas en el agua?

60

Ahora
dibuja tú
una nutria.

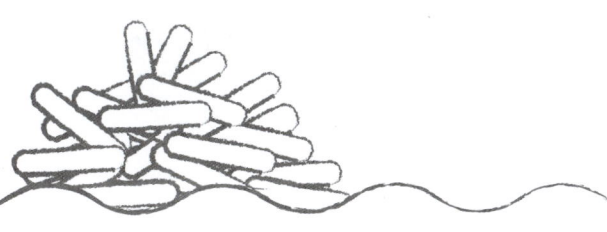

oruga kawaii

1

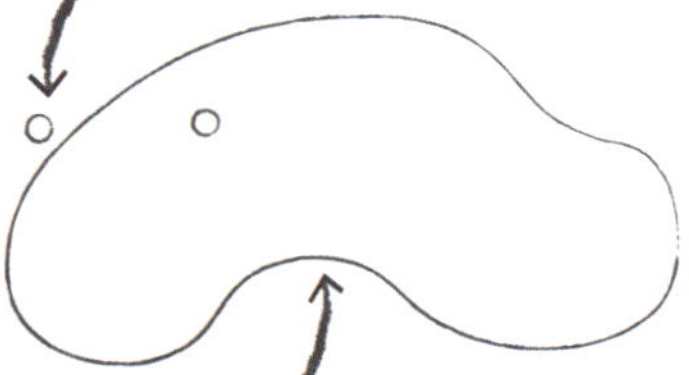

Antenas

Cuerpo gordito

2

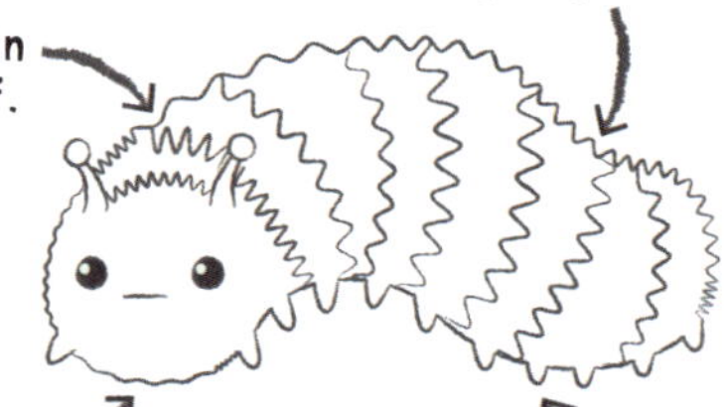

Teken een wiebelige lijn rond het lijf.

Dibújale rayas en zigzag.

Dibújale los ojos, la boca y las antenas.

Dibuja muchos pies pequeñitos.

3

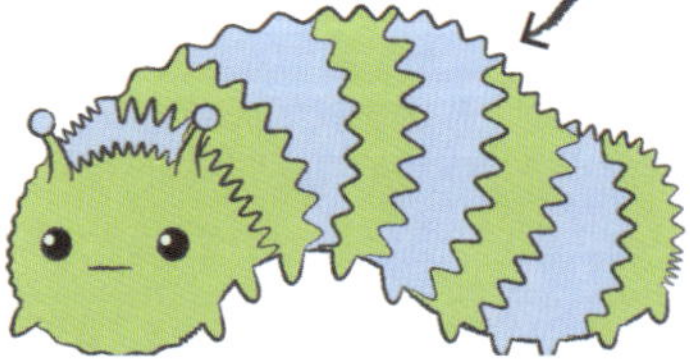

¡coloréala!

1

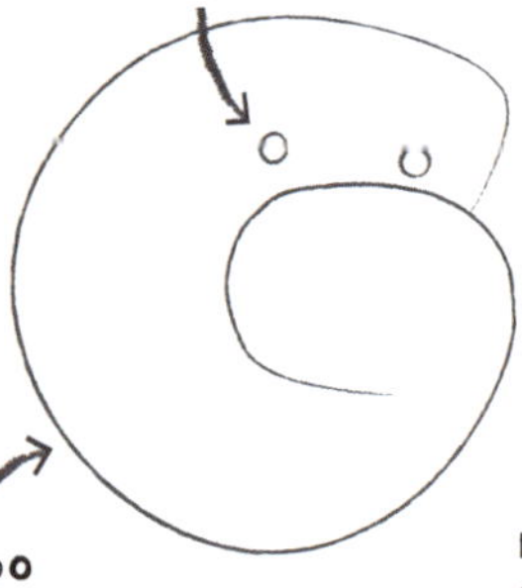

Antenas

Cuerpo gordito

2

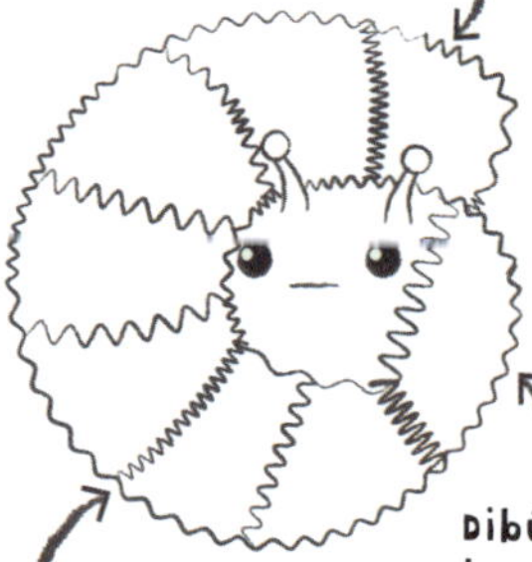

Dibújale rayas en zigzag.

Cabeza

Dibuja una línea en zigzag alrededor del cuerpo.

Dibújale los ojos, la boca y las antenas.

3

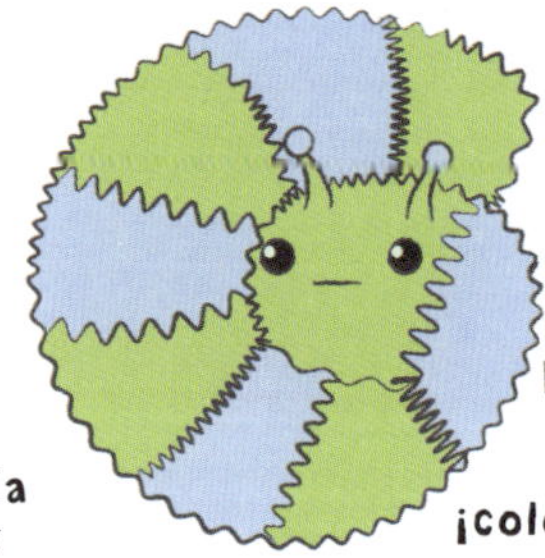

¡coloréala!

Borra todos los trazos de esbozado superfluos.

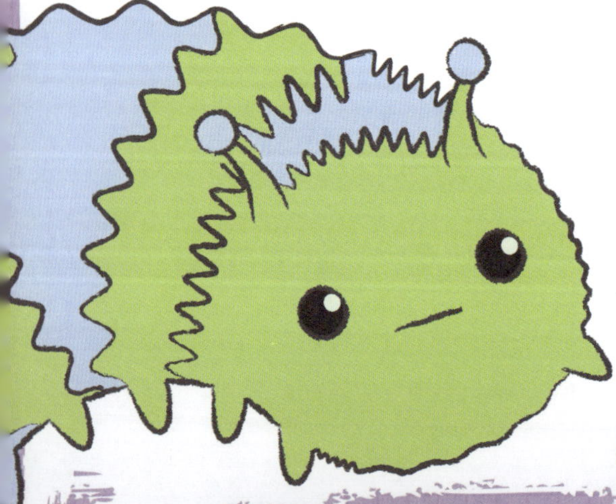

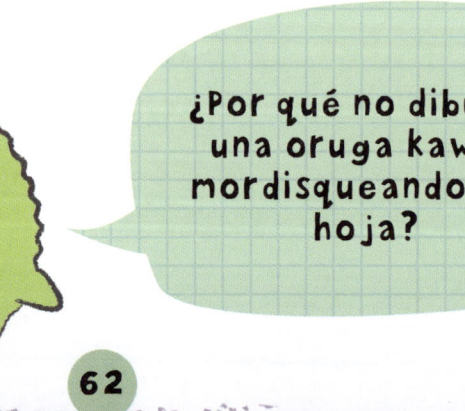

¿Por qué no dibujas una oruga kawaii mordisqueando una hoja?

Ahora dibuja tú
una oruga.

Glosario

Antenas Algunos insectos y otras especies animales tienen estos apéndices en la cabeza. Las utilizan para obtener información sensorial sobre su entorno.

Bambú Un tipo de planta leñosa muy grande y frondosa.

Narval Una especie de pequeña ballena ártica. El macho tiene un largo colmillo que le crece en la parte superior de la cabeza.

Ajolote Salamandra de piel blanca y branquias externas rojas. Solo vive en México.

Pastel Pintura de tonos suaves y mates. Las pinturas pastel se hacen con tizas de colores pastel.

Tucán Especie de ave frugívora de pico grande originaria de América Central y del Sur.